KB262305

살리는 말 죽이는 말
말로 행복해지는 법

살리는 말 죽이는 말
말로 행복해지는 법

초판 인쇄 2010년 4월 2일 | **초판 발행** 2010년 4월 8일
지은이 이주행 조국래 장철진 문향숙 김미선 엄경옥 박선옥 이유미 김지혜
펴낸이 최종숙 | **책임편집** 추다영 | **편집** 권분옥 이소희
펴낸곳 글누림출판사 | **등록** 2005년 10월 5일 제303-2005-000038호
주소 서울시 서초구 반포4동 577-25 문창빌딩 2층
전화 02-3409-2055(편집부), 2058(영업부) | **팩시밀리** 02-3409-2059
홈페이지 http://www.geulnurim.co.kr | **이메일** nurim3888@hanmail.net

ISBN 978-89-6327-054-8 03320
정 가 14,000원

* 잘못된 책은 교환해 드립니다.

살리는 말 죽이는 말

말로 행복해지는 법

이주행 조국래 장철진
문향숙 김미선 엄경옥
박선옥 이유미 김지혜

살맛 나는 세상

의사소통이 잘 되지 않아 갈등을 빚고, 불협화음을 내는 사람이 많다. 소통의 동맥경화증에 걸려 있는 사람이나 집단을 여기저기서 쉽게 볼 수 있다.

최근에 '의사소통'에 관심을 가지고 연구하거나 저서를 출간하는 이가 많아졌다. 그러함에도 불구하고 개인 간, 집단 간에 의사소통이 원활히 이루어지지 않는 것은 건전한 철학의 결핍, 상대를 배려할 줄 모르는 의식의 소유, 부실한 스키마(schema), 의사소통 기술의 부족 등에서 기인한다. 이 책의 집

필자들은 이러한 요인을 직시하고 모든 독자가 다양한 사람
과 의사소통을 효과적으로 잘할 수 있는 방안에 관해서 오랫
동안 연구하여 왔다. 그 결정체가 바로 이번에 간행하는 "살
리는 말 죽이는 말—말로 행복해지는 법—"이라는 책이다.

　인간관계와 의사소통은 불가분의 관계가 있다. '인간관계'는
'혈액순환'과 같고, 의사소통이 잘 되는 것은 혈액순환이 잘
되는 것과 같다. 혈액순환이 원활히 이루어지지 않으면 동맥
경화증에 걸려 목숨을 다하든지 반신불수(半身不隨)가 되듯이
개인과 개인 간, 개인과 집단 간, 집단과 집단 간에 의사소통
이 제대로 이루어지지 않으면 서로 갈등을 빚거나 분열하거나
함께 파멸하게 된다. 그러나 혈액순환이 잘 되면 건강하듯이
개인과 개인 간, 개인과 집단 간, 집단과 집단 간에 의사소통
이 잘 되면 화합하고 더욱 협동하면서 함께 발전하게 된다.

　남편과 아내, 부모와 자녀, 시어머니와 며느리, 상사와 부
하, 스승과 제자, 판매원과 고객, 의사와 환자 간에 의사소통

이 잘 이루어지려면 먼저 인간관계를 잘 맺어야 한다. 인간관계가 나쁘면 의사소통이 원활히 이루어지지 않는다. 이 책에서는 다양한 인간관계를 잘 맺고 효과적으로 의사소통을 할 수 있는 방법을 알기 쉽게 설명하고 있다.

우리는 거의 1년 동안 집필의 고통을 겪은 뒤에 이 책을 펴내게 되었다. 이 책은 모두 아홉 편으로 구성되어 있다.

제1부 '서설 편'은 필자인 이주행이 썼고, 제2부 '부부 편'은 이유미 선생이 썼으며, 제3부 '부모와 자녀 편'은 장철진 선생이 썼다. 제4부 '시어머니와 며느리 편'은 문향숙 선생이 썼고, 제5부 '직장 동료 편'은 김미선 선생이 썼으며, 제6부 '직장 상사와 부하 편'은 엄경옥 선생이 썼다. 제7부 '스승과 제자 편'은 조국래 선생이 썼고, 제8부 '고객과 판매원 편'은 김지혜 선생이 썼으며, 제9부 '의사와 환자 편'은 박선옥 선생이 썼다.

이 책이 소통의 동맥경화증에 걸려 있는 개인이나 집단을 치유하여 개인과 집단이 관계를 돈독히 가지고 서로 협동하여 행복해지는 데 기여하길 간절히 바란다. 그리고 이 책이 우리 나라를 이전보다 더욱 살맛 나는 세상을 만드는 데 크게 이바지하길 기원한다.

앞으로 우리는 끊임없이 의사소통이 잘 되는 방안에 관해 연구해서 이 책을 보완하여 갈 것이다. 독자 여러분의 진솔한 질정과 조언을 바란다.

옥고를 써 주신 여러분에게 깊이 감사의 뜻을 표한다. 이 책을 기획하고 원고를 모아 가편집을 할 때까지 온갖 수고를 아끼지 않은 엄경옥 선생에게 감사의 뜻을 전한다.

출판계의 어려움에도 불구하고 흔쾌히 이 책을 발간하여 주신 글누림출판사 최종숙 사장님과 이 책을 멋지게 편집하여 주신 추다영 씨께 깊이 감사를 드린다.

2010년 1월 22일

이주행 씀

차례

머리말 살맛 나는 세상 _ 4

01
서설 편

가치 있는 삶과 의사소통 ▮17

살리는 말, 죽이는 말 • 19
변화하는 인간관계 • 22
통하면 아프지 않고, 통하지 못하면 아프다 • 25
관계가 바뀌면 말도 바뀐다 • 36
공감적 경청은 소통의 지름길 • 55

02 부부 편

작은 배려는 부부 사이의 행복 윤활유 | 57

빈칸 채우기 • 59

어리석은 남자, 솔직하지 못한 여자 • 65

여자는 사소한 말에서 애정을 확인한다 • 71

대화를 이해하는 틀 • 75

남자는 목적을 위해 말하고, 여자는 교류를 위해 말한다 • 80

아는 만큼 사랑한다 • 85

03 부모와 자녀 편

자녀의 행복 지수를 높여 주는 대화 | 91

동등한 무게로 대화하기 • 93

마음 열고 대화하기 • 95

마음을 닫게 하는 대화 • 100

대화의 걸림돌 벗어나기 • 105

자녀를 위한 부모의 대화 법칙 • 111

04

시어머니와 며느리 편

시어머니와 며느리의 관계를 변화시키는 대화 ▌119

말 많은 며느리보다 말 없는 며느리가 더 밉다 • 121

표현하는 사랑이 아름답다 • 124

관계를 회복시키는 사과 • 128

'너'가 아니라 '나'를 전달한다 • 133

생각과 감정에 반응하는 반영적 경청 • 137

공감하고 이해한다 • 142

칭찬은 진정으로 한다 • 146

동의는 시어머니를 무장 해제 시킨다 • 150

사랑의 말은 거리를 좁힌다 • 155

O5
직장 동료 편

서로를 응원하여 주는 동료 관계 만들기 ▮157

대화는 동료의 마음을 여는 열쇠다 • **159**

직장 동료와 간격 좁히기 • **162**

직장 생활은 이인삼각 경기이다 • **167**

상대를 움직이는 진심의 힘 • **170**

짧은 인사가 긴 인간관계를 만든다 • **173**

인맥은 저절로 만들어지는 것이 아니다 • **176**

좋은 관계, 막역한 관계 • **180**

따로 또 같이 • **183**

호칭어는 그 사람의 인격과 자존심이다 • **186**

업무 수행을 위한 대화는 분명하고 간결하게 말한다 • **190**

말하는 것보다 듣는 것이 더 어렵다 • **193**

회식도 업무의 일환이다 • **196**

대화의 시작은 공감이다 • **200**

마음을 움직이는 진심 어린 말 • **203**

06

직장 상사와 부하 편

상사와 부하 직원의 신바람 나는 대화법 ┃ 205

힘이 나는 직장 생활과 기운 빠지는 직장 생활 • 207

출근할 때의 짧은 인사는 하루의 기분을 좌우한다 • 208

아침 조회는 기분 좋은 하루의 워밍업 • 210

상사의 말을 긍정한 뒤 자신의 의견을 말한다 • 211

무조건 화를 내는 것은 역효과를 불러온다 • 213

업무를 지시할 때는 마감일과 업무 내용을 구체적으로 말한다 • 216

독심술을 가진 부하 직원은 없다 • 218

듣기 능력의 향상은 업무 능력의 향상이다 • 220

지나친 맞장구는 오히려 의사소통을 방해한다 • 222

보고할 때는 몸통 먼저 • 224

부하의 마음을 여는 상사의 기술 • 226

부하가 먼저 말하게 한다 • 228

부하에게 할 수 있다는 믿음을 심어 준다 • 230

업무 보고는 타이밍이 중요하다 • 232

칭찬은 꼭 집어서 해야 제 맛 • 234

상처를 주는 말이 앙금으로 남는다 • 236

잘못된 업무 분담은 부하의 사기를 저하시킨다 • 239

화를 내기보다는 대안을 찾게 한다 • 242

진심 어린 격려를 한다 • 243

공로는 팀원 전체에게 돌린다 • 245

과중한 업무도 즐겁게 하도록 한다 • 247

조직 감정과 개인 감정을 분리하기 • 249

경청은 귀로 하는 게 아니라 마음으로 한다 • 251

07

스승과 제자 편

존경과 사랑으로 엮어 가는 신뢰 관계 | 253

사랑하고 존경하는 사이 • 255

먼저 생각부터 바꾸기 • 257

열린 대화법을 사용하기 • 259

필요한 사람에게 필요한 만큼만 말하기 • 261

좋은 상표 붙이기 • 263

짧고 간단하게 말하기 • 266

예화를 들어 재미있게 말하기 • 268

긍정의 화법 구사하기 • 271

칭찬은 성장을 이끌어 낸다 • 274

사랑 받는 제자의 자격 • 277

스쿼시형 대화법은 폐기 처분감 • 279

제자는 스승을 보면서 자란다 • 282

고객에게 신뢰 받는 1등 판매원 ▎285

고객이 원하는 것 파악하기 • 287

상황에 따라 대처하기 • 290

판매원은 서비스의 달인 • 291

활기차고 적극적인 모습으로 신뢰를 판다 • 294

고객과 마음 주고받기 • 298

고객의 "예!"는 판매원의 능력 • 301

'우리'로 고객의 마음잡기 • 305

백 번 말하는 것보다 한 번 보여 주는 것이 더 좋다 • 307

고객의 불평도 기꺼이 받아들인다 • 309

마지막 5분이 중요하다 • 312

병을 낫게 하는 한마디 | 315

의사와 환자의 대화는 정서적 공감에서부터 • 317

분위기가 대화의 성패를 좌우한다 • 319

의사와 환자 간의 적절한 거리 • 321

시간적 압박을 슬기롭게 극복하기 • 324

병원으로 향하는 마음을 즐겁게 해 주는 긍정적 대화 • 326

낯섦을 깨뜨려라 • 327

회진은 환자와 소통의 장 • 333

환자의 마음 읽어 주기 • 337

숨겨진 의미를 파악하기 • 339

불확실한 마음 잠재우기 • 341

치료에 도움을 주는 좋은 질문 • 343

때로는 경청이 말하기보다 낫다 • 349

환자의 말을 이해하고 있다고 표현하기 • 353

환자의 감정에 공감하기 • 357

몸짓으로 표현하고 이해하기 • 360

의사와 환자는 건강한 삶을 위한 동반자다 • 366

01 가치 있는 삶과 의사소통

아름다운 삶은 남을 배려하는 삶이다.
가치 있는 삶은 남을 순수하게 사랑하는 삶이다.
남을 사랑하고 배려하면서 사는 사람은 아름답고 가치 있게 사는 사람이다.
아름답고 가치 있게 사는 사람은 겸손하며 공감적 경청을 하고
의사소통을 잘하는 사람이다.

살리는 말, 죽이는 말

말은 핵폭탄과 같은 위력을 지니고 있다. 우리 나라의 속담 중에는 말에 관한 것이 무려 70여 개 정도나 된다. 이것은 오랜 옛날에도 말을 중시하였음을 뒷받침하는 것이다. 그런데 현대인들 중에는 말의 힘을 모르고 말을 경시하거나 함부로 남용하는 사람이 많다. 그러한 사람은 매우 어리석은 존재이다.

말은 칼에 비유할 수 있다. 말은 활인검(活人劍, 사람을 살리는 칼)으로도 쓰이고 살인검(殺人劍, 사람을 죽이는 칼)으로도 쓰인다. 한마디 말은 죽어 가는 사람을 살릴 수도 있고 산 사람을 죽일 수도 있는 것이다. 착한 사람은 말을 활인검으로 사용하는

데, 악한 사람은 말을 살인검으로 사용하기 때문이다.

착한 사람은 뒤에서 남을 헐뜯거나 비웃지 않는다. 되도록 남을 칭찬한다. 칭찬할 것이 없으면 침묵을 지킨다. 이러한 사람은 그윽한 인격의 향기를 멀리까지 오래도록 내뿜기 때문에 많은 사람에게서 사랑과 존경을 받는다. 병든 사회에서는 착한 사람이 악한 사람보다 불행하게 사는 경우도 있다. 이런 경우는 흔치 않다. 결국에는 착한 사람이 악한 사람보다 행복하고 가치 있게 살게 되어 있다.

악한 인간은 뒤에서 남을 비웃거나 헐뜯기를 즐긴다. 짬이 나는 대로 남을 비방하거나 폄훼한다. 이러한 것을 즐기는 사람은 인격이 결여되어 있거나 본성이 악한 인간이다. 일찍이 공자는 그러한 사람을 미워하고 멀리하라고 말하였다. 남을 폄훼하거나 비방하는 것은 이자율이 매우 높은 재앙을 저축하는 것과 같다. 그리하여 남을 헐뜯고 비웃기를 좋아하는 사람은 다른 사람에게서 경멸을 당한다. 그리고 감당하기 어려운 재앙을 맞아 온갖 고통을 겪는다.

우리는 말의 위력을 절감하고 언제나 말을 신중히 하여야 한다. 되도록 상대가 들어서 기쁘고 힘이 솟는, 고운 말을 하여야 한다. 남을 칭찬하고 칭송하는 말을 할 경우에는 반드시 그런 말을 진심으로 하여야 한다.

　말의 위력을 아는 사람은 말로 인간관계를 잘 맺는다. 그는 수다를 떨기보다 남의 말을 공감적으로 경청한다. 빈부귀천과 남녀노소를 가리지 않고 모든 사람의 인격을 존중하고 겸손하게 대하며, 남의 말을 정성을 다해 적극적으로 듣기 위해 힘쓴다. 그는 언제나 고운 말, 품위가 있는 말, 그윽한 향기가 나는 말을 한다.

변화하는 인간관계

인간은 사회적인 존재이다. 인간은 이 세상에 태어나서 죽을 때까지 자신이 원하든 원하지 않든지 간에 다양한 사람과 관계를 맺으면서 살게 된다. 인간관계란 사람들 사이에 맺어진 관계이다. 즉 이것은 둘 또는 그 이상의 사람 사이에 맺어지는 관계이다. 인간관계는 관계에 관여하는 사람이 상호 작용하는, 복잡다단한 과정이다.

인간관계는 상호 의존적인 관계이다. 관계를 맺고 있는 사람들은 서로 상대방에게 영향을 끼치지만, 어떠한 관계도 맺고 있지 않은 사람들은 상대방에게 어떤 영향도 끼치지 않는다. 두 사람이 상호 의존적일수록 두 사람 간의 관계는 더욱 돈독해진다. 만일에 두 사람 간의 관계가 독립적인 관계라면 두 사람은 진정한 의미의 인간관계를 맺고 있지 않은 것이다. 관계가 단절되어 있는 것이다.

관계를 맺고 있는 사람들 간의 의존도·친밀도·신뢰도 등이 높을수록 상호 영향을 끼치는 정도가 강력해진다. 또한 두 사람 사이의 거리도 좁혀진다.

인간관계는 역동적이고 가변적인 것이다. 사람들 간의 관계는 고정되어 있지 않고 수시로 변한다. 부모와 자녀 간의 관계도 변한다. 영유아 시절의 자녀는 부모에게 거의 전적으로 의존한다. 사춘기에 있는 자녀들 중에는 부모의 보살핌을 간섭으로 인식하고 반항하는 이도 있다. 자녀가 직업을 가지고 결혼을 하게 되면 상호 독립적이고 조력적인 관계에 놓인다. 그리고 부모가 노인이 되어 쇠약해지면 부모가 자녀에게 의존하는 처지에 놓이게 된다.

우리 옛 선인들은 부부는 천생연분(天生緣分)으로 하늘이 맺어 준 배필(配匹)이라고 인식하였다. 부부는 전생의 인연으로 맺어진 것으로 여겼다. 그런데 오늘날 부부의 관계는 수시로 변한다. 부부가 서로 뜨겁게 사랑하는 마음을 가지고 있을 적에는 그 관계가 밀착되어 있지만 그러한 마음이 식어 갈수록 부부 관계는 소원해진다. 반려자의 경제 사정과 정신적·육체적 상태가 어떠하냐에 따라 상대를 대하는 것도 달라지기 때문에 부부의 관계도 일정하지 않다.

시부모와 며느리의 관계도 변한다. 시부모가 며느리를 친딸처럼 사랑하여 주고 며느리가 시부모를 친부모처럼 정겹게 대하면 시부모와 며느리가 친부모와 자녀와 같이 다정한 관계를 유지할 것이다. 그러나 시부모가 며느리를 구박하고 며느리가 그런 시부모를 증오하면, 시부모와 며느리는 서로 원수처럼 대하게 될 것이다.

연인이나 친구 간의 관계도 변한다. 연인 간에 매력이나 사랑이 없어지거나, 친구 간에 믿음과 우정이 사라지면 그 관계는 멀어진다. 하지만 연인 간에 매력이나 사랑이 있으면 연인 관계는 지속되고, 친구 간에 믿음과 우정이 있으면 친구 관계도 지속된다.

직장의 상사와 부하 간에도 의리와 보살핌이 있으면 그 관계가 돈독하지만, 배신을 하거나 무례하고 비정하게 대하면 상사와 부하는 서로 미워하는 사이가 될 것이다.

통하면 아프지 않고, 통하지 못하면 아프다

의사소통이란 언어로써 의미를 주고받는 것이다. 즉 표현자*와 수용자**가 언어로써 듣기와 말하기, 읽기와 쓰기 활동을 통해 어떤 의미 즉 사상과 감정을 전달하고 이해하는 것이다.

의사소통은 혈액 순환 혹은 교통에 비유할 수 있다. 혈액 순환이 잘 되면 건강하게 살 수 있는데, 혈액 순환이 제대로

---

* 표현자는 말하는 이(話者)나 작자(作者)를 뜻한다. 즉 말하는 이(話者)는 말하는 사람이고, 작자(作者)는 글을 쓰는 사람이다. 의사소통론(意思疏通論)에서 '표현자'를 '발신자(發信者)'라고 일컫기도 한다.
** 수용자(受容者)는 듣는 이(聽者)나 독자(讀者)를 뜻한다. 즉 듣는 이(聽者)는 듣는 사람이고, 독자(讀者)는 글을 읽는 사람이다. 의사소통론에서 '수용자'를 '수신자(受信者)'라고 일컫기도 한다.

안 되면 뇌졸중에 걸리거나 죽게 된다. 허준은 ‘동의보감(東醫寶鑑)’에서 “통즉불통 불통즉통(通卽不痛 不通卽痛)”이라고 하였다. 이 말의 뜻은 “통하면 아프지 않고, 통하지 못하면 아프다.”는 것이다. 서양의학에서도 “모든 병은 근본적으로 정체(停滯)이며, 모든 치료는 근본적으로 순환이다.”라고 한다. 소통, 흐름, 변화가 자연의 이치임을 알 수 있다. 교통이 정체되면 차들이 원활하게 운행되지 못한다. 이와 같이 사람들 간에 의사소통이 잘 되면 상호 이해하고 협동을 잘 하지만 그렇지 못하면 갈등을 빚거나 분열한다.

의사소통을 효과적으로 잘하려면 의사소통의 참여자는 의사소통의 요소 중에서 맥락(context)을 무엇보다도 먼저 잘 이해하여야 한다. 넓은 의미의 맥락은 의사소통이 이루어지는 곳의 정치·경제·사회·문화 제도 등과 더불어 양자의 심리 상태를 뜻한다. 좁은 의미의 맥락은 의사소통이 이루어지는 곳과 때이다. 동일한 말이라도 언제 어디에서 하느냐에 따라 그 결과가 달리 나타난다. 남을 칭찬할 적에는 되도록 많은 사람이 모인 자리에서 하는 것이 더욱 효과적이다. 반대로 남을 꾸짖을 적에는 남들이 없는 곳에서 하여야 한다.

특히 공식적인 상황, 수많은 청중이나 라디오 청취자 혹은 텔레비전 시청자를 대상으로 이야기할 적에는 말조심을 하여야 한다. 사적인 맥락에서는 아무 문제가 없는 말이 공적인 맥락에서는 일파만파(一波萬波)의 문제를 일으키는 경우가 많다. 모 대학 여대생이 최근(2009년 11월 9일) 모 지상파 방송사의 인기 있는 프로그램에 출연하여 키가 180cm 이하인 남자는 루저(loser, 패배자)라고 말하는 바람에 그 학생이 다니는 학교의 홈페이지는 그녀를 공격하는 네티즌들로 말미암아 학교의 공무를 볼 수 없을 지경에 이르러 해당 홈페이지를 일시적으로 폐쇄했다고 한다. 이것은 맥락이 의사소통에서 얼마나 중요한 비중을 차지하는지를 잘 보여 주는 실례이다.

정상적인 사람이라면 일정한 목적을 위해서 의사소통을 한다. 우리는 다음과 같은 목적으로 의사소통을 한다.

- 새로운 정보를 전달하거나, 새로운 정보를 얻기 위하여
- 상대를 기쁘게 하거나, 즐기기 위하여
- 상대를 설득시키거나, 자신의 태도를 변화시키기 위하여
- 상대를 위로하고 격려하거나, 상대에게서 위로와 격려를 받기 위하여
- 사람을 사귀기 위하여

　일정한 목적이 없이 의사소통을 하는 것은 목적지를 정하지 않고 드넓은 바다를 항해하는 것과 같다. 의사소통이 소기의 성과를 거두게 하려면 그 목적을 의사소통을 하기 전에 글로 써서 구체적이고 명료하게 설정할 필요가 있다. "어떤 정보를 알려주기 위하여"보다 "주식 투자 방법을 알려주기 위해서"가 더욱 구체성을 띤 목적이 된다. 어린 자녀를 설득하기 위해 대화를 할 때에도 미리 그 목적을 구체적이고 명료하게 설정할 필요가 있다.

　의사소통을 할 때에 적절한 내용을 전달하여야 의사소통이 성과를 거두게 된다. 의사소통에 적절한 내용이란 맥락에 알맞고, 의사소통의 목적 달성에 도움이 되며, 수용자인 듣는 이나 독자의 지적 수준, 처지 등에 알맞은 것을 뜻한다. 말하는 이가 자신이 전달하고자 하는 말의 내용이 좋다고 판단되더라도 맥락에 어울리지 않는 것이거나, 목적 달성에 도움이 되지 않는 것이거나, 듣는 이의 지적 수준과 처지를 고려하지 않은 것은 의사소통에 부적절한 것이다. 언론 자유가 보장되지 않은 나라에서 반체제 발언을 하거나, 새로운 정보를 전달하기 위해서 말을 할 적에 듣는 이가 이미 알고 있는 정보를 말하거나, 초등학교밖에 다니지 않은 사람이 이해하기 어려운 내용에 대해서 말하면 의사소통이 잘 될 리가 없다.

언어와 의사소통은 동전의 앞과 뒤와 같은 것이다. 의사소통을 잘하려면 내용 표현에 알맞은 언어를 선택해서 사용하여야 한다. 읽기와 쓰기를 할 때 사용되는 언어는 문자 언어인데, 말하기와 듣기를 할 적에는 음성 언어·신체 언어(몸짓, 표정, 눈빛, 고개를 끄덕임 등)·사물 언어(입은 옷, 화장 상태, 액세서리 등) 등이 사용된다.

음성 언어는 목소리로 표현되는 언어이다. 동일한 사람이 어떤 목소리로 사상과 감정을 표현하느냐에 따라 듣는 이가 그 사상과 감정을 다양하게 이해하게 된다. 또한 어떠한 단어나 문장으로 표현하느냐에 따라 의사소통의 결과가 서로 다르게 나타난다. 넓은 장소에 모인 청중을 대상으로 말할 때에는 큰 성량으로 말하여야 하는데, 좁은 공간에서 말할 적에는 작은 성량으로 말하여야 한다. 화가 날 적에는 오히려 작은 목소리로 말하는 것이 큰 목소리로 말하는 것보다 더욱 효과가 있다.

담소를 나눌 적에는 낮으면서도 따뜻한 정이 담긴 목소리로 말하면 듣는 이가 호감을 가지고 인간관계를 맺고 싶어 할 것이다. 비정한 사람도 다정하게 대할 것이다.

　듣는 대상에 따라 말의 속도를 적절히 조절하여 말하여야 한다. 7세 미만의 어린이나 70세 이상의 노인을 대상으로 말할 적에는 7세 이상 70세 미만 사람들을 대상으로 말할 때보다 천천히 — 1분에 280~300 음절 정도로 — 말하여야 듣는 이가 전달되는 내용을 이해하는 데 어려움을 겪지 않는다.

　장음과 단음을 정확히 구별하여 발음하여야 듣는 이가 단어의 의미를 정확히 판단하게 된다. "고가 도로(高架道路) 아래에 있는 고가(古家)가 고가(高價)에 팔렸어요."라는 문장은 [고가 도:로 아래에 인는 고:가가 고까에 팔려써요]로 발음하여야 한다.

　의사소통 능력이 탁월한 사람은 가급적 이해하기 쉬운 언어를 적절하게 구사할 줄 아는 사람이다. 의사소통을 효과적으로 하려면 이해하기 쉽고 품위가 있는 단어를 사용하여야 한다. 비속어나 외국어를 사용해서는 안 된다. 비어나 속어를 사용하여 말하면 상대방이 천박하게 인식하거나 불쾌하게 여길 수 있다. 외국어를 모르거나 비전문가인 듣는 이에게 외국어와 전문 용어를 섞어 말하면 그 외국어와 전문 용어로 말미암아 전달되는 내용을 듣는 이가 완전히 이해하지 못한다. 따라서 품위 있고 이해하기 쉬운 단어로 말하여야 한다.

문장의 길이도 내용의 이해에 영향을 끼친다. 일상어와 60 음절 이내로 이루어진 문장으로 말하면 대부분의 독자가 메시지를 쉽게 이해한다.

> (가) 대부분의 사람은 자신이 끌리는 부분을 **토크하고**, 현재 상대방의 **액션**에 의하여 자신이 어떻게 영향을 받는지를 **토크하고**, 자신의 **인텐션**을 **토크하고**, 상대방에 대해서 좋아하지 않는 측면에 관해서 **토크하며**, **미팅할** 때부터 자신이 가졌던 **호프를 토크하며**, 자신이 말한 것에 대해서 상대방이 반응하는 **매너**에 대한 자신의 **이모션**을 **토크합니다**.

> (나) 대부분의 사람은 다음과 같은 것들에 대해서 이야기합니다.
> 첫째, 자신이 끌리는 부분
> 둘째, 현재 상대방의 행동으로 영향을 받는 점
> 셋째, 자신의 의도
> 넷째, 상대방에 대해서 좋아하지 않는 점
> 다섯째, 만날 때부터 자신이 가졌던 희망
> 여섯째, 자신이 말한 것에 대해서 상대방이 반응하는 방식에 대한 자신의 감정

수용자는 이상의 (가)보다 (나)를 더욱 쉽게 이해할 것이다. 그 이유는 (가)에는 외래어와 외국어가 쓰이고 문장의 음절

수도 무려 136 음절이나 되기 때문이다. 이에 반해 (나)의 첫째 문장은 24 음절로 이루어져 있고, 이해하기 어려운 외래어나 외국어가 쓰이지 않았다.

담화나 텍스트의 분량도 주제를 표현하는 데 적합하여야 한다. 지나치게 짧거나 길면 소기의 성과를 거두지 못한다. 3분 이내에 말하여도 충분한 담화를 30분 이상 길게 이야기하는 이가 있다. 일반인은 이러한 사람을 달갑지 않게 여기고, 그 사람의 말을 경청하지 않으며, 멀리하려고 한다.

의사소통을 원활히 하려면 표현자와 수용자의 정신적·육체적 상태가 좋고, 상호 적극적으로 의사소통 행위에 참여하여야 한다. 표현자는 앞에서 살펴본 의사소통의 요소인 맥락에 적합하고, 목적을 구체적이고 명료하게 설정하고, 목적 달성에 효과적인 내용을 선택하여 구사하되, 내용의 표현과 전달에 효과적인 언어를 사용하여야 한다. 그리고 수용자의 사회적 변인 ─ 사회 계층·연령·성별·종교·인종 ─ 과 출생지 등과 더불어 수용자와의 인간관계를 고려해서 의사소통을 하여야 한다.

의사소통을 잘하는 사람은 상대를 이해하고 상대의 처지를 고려하여 의사소통을 하는 사람이다. 그는 의사소통 행위를 하기 전에 상대 즉 듣는 이나 독자의 실태에 대해서 알려고 힘쓴다. 듣는 이나 독자의 학력·직업·경제 사정·연령·종교·결혼 여부·출생지·거주지 등을 파악한다. 또한 그들의 육체적·정신적 상태 등도 알려고 한다. 말하는 이나 작자는 듣는 이나 독자의 이러한 것들을 알아야 의사소통을 원만히 할 수 있기 때문이다.

의사소통 행위는 탁구를 치는 것과 같아서 의사소통을 잘하려면 표현자와 수용자가 상호 적극적으로 의사소통을 하려고 힘써야 한다. 듣는 이는 말하는 이가 말할 적에 정성껏 듣고 적절히 맞장구를 쳐야 말하는 이가 신바람이 나서 말을 하게 된다. 그리고 말의 내용을 정확히 이해하고 적절히 반응을 하여야 대화가 생산적으로 이루어진다. 말하는 이가 말할 때에 듣는 이가 딴전을 피우거나 엉뚱하게 반응을 하면 대화가 제대로 이루어질 리가 없다. 듣는 이는 공감적 경청(共感的 傾聽)을 하기 위해 힘써야 한다. 즉 듣는 이는 상대의 입장을 이해하고 상대의 입장에서 적극적으로 들어야 한다.

말하는 이와 듣는 이의 스키마(schema, 배경 지식. 어떤 사람이 이 세상에 태어나서 일정한 시점에 이를 때까지 두뇌에 저장된 모든 지식)가 유사하거나 인간관계가 좋을수록 의사소통이 잘 이루어진다. 즉 소기의 의사소통 목적에 도달할 수 있다. 말하는 이와 듣는 이의 스키마가 다르거나 인간관계가 좋지 않으면 말하는 이가 전달하고자 하는 의미를 듣는 이가 그대로 이해하지 못하거나 오해하는 경우가 많다.

의사소통을 잘하려면 지식·권력·돈 등을 더 많이 가지고 있는 사람이 그것을 덜 가지고 있는 사람을 이해하고 배려하여야 한다.

어떤 분야에 대한 전문적인 지식을 지니고 있는 전문가는 비전문가에게 이야기할 경우 비전문가가 쉽게 이해할 수 있도록 전문 용어를 가급적 사용하지 않고 말하는 것이 좋다. 어쩔 수 없이 전문 용어를 사용한 경우에는 바로 그 용어의 뜻을 설명하여 주어야 한다.

화계(話階, speech level)란 듣는 이나 제삼자를 언어로써 존대하거나 평대하거나 하대하는 등급이다. 말하는 이와 듣는 이, 말하는 이와 제삼자의 인간관계에 알맞은 화계를 적절히 선택하여 말하여야 경어법에 맞고 언어 예절에 맞는 말이 된다. 언어 예절에 어긋나는 언동을 하면 상대가 불쾌하게 인식할 뿐만 아니라 상호 인간관계가 나빠진다.

예절은 인간관계에서 가져야 할 공손한 태도와 말씨와 몸가

짐이다. 친한 사람일수록 예절을 지켜야 한다. 그런데 사람들 중에는 친하지 않은 사람에게는 깍듯이 예절을 지키면서 친한 사람에게는 무례한 언동을 하는 이가 있다. 이것은 대단히 어리석은 행위이다. 친한 사람일수록 친하지 않은 사람보다 더욱 사랑하고 소중히 여겨야 한다. 친한 사람은 삶에 기쁨과 용기를 주는 존재이다. 그러므로 그러한 사람들을 대할 적에는 매우 귀한 보물을 다루듯이 예절을 지키면서 대하여야 상호 돈독한 인간관계를 계속 유지할 수 있다.

사람은 듣는 것보다 보는 것에 더욱 설득을 당한다. 인간관계를 돈독히 하려면 무엇보다도 리더 위치에 있는 사람이 사랑, 믿음, 배려 등을 솔선수범하여야 한다. "남을 사랑하세요.", "신뢰성이 있는 언동을 하세요.", "남을 배려하세요." 등과 같은 말만 앞세우고 행동을 하지 않는 리더는 존경을 받지 못한다. 이러한 것을 적극적으로 실천하여야 한다.

관계가 바뀌면 말도 바뀐다

인간들이 서로 어떤 관계를 맺느냐에 따라 인간 관계는 여러 가지로 구분된다. 혈연관계(血緣關係)에 따라 부모와 자녀 관계, 조부모와 손자·손녀 관계, 형제 관계, 자매 관계 등으로 나뉜다. 이성 간에 연애하는 관계에 있을 적에는 연인 관계지만 결혼하면 부부 관계가 된다. 두 사람이 우정을 나누는 관계는 친구 관계이고, 직장의 상사와 부하 간의 관계는 상사와 부하 관계이다. 이외에 만난 지 얼마 안 되어 거리감을 느끼는 사람들 간의 관계는 낯선 관계이다. 이와 같이 인간관계는 다양하다.

사람들 간에 횡적 관계를 맺고 있느냐 종적인 관계를 맺고 있느냐에 따라 횡적 친소 관계(solidarity dimension)와 종적 위계 관계(power dimension)로 구분된다. 횡적 친소 관계는 수평적 친소 관계이며, 종적 위계 관계는 수직적 위계 관계이다.

횡적 친소(橫的親疎)란 개인 간의 정감적인 거리이며, 종적 위계(縱的位階)란 사회적 위계이다.

사회적 지위·연령·성별·항렬 등이 종적 위계를 결정하는 요인으로 작용한다. 화계를 결정할 때 사회에서는 사회적 지위가 연령이나 성별보다 더 중시되고, 가정에서는 항렬이 사회적 지위·연령·성별 등보다 더 중시된다.

부부 간의 의사소통

부부(夫婦)는 인간 사회에서 가장 중요한 집단이다. 부부가 죽을 때까지 행복하게 살려면 언제나 사랑과 믿음이 있는 언동을 하면서 친구처럼 대화를 나누고, 서로 배려하면서 살아야 한다.

터키의 안탈랴(Antalya)는 지중해 연안에 위치해 있다. 2004년 7월 안탈랴에 있는 앙카라 대학의 리조트에서 3박 4일 동안 개최된 국제 학술 대회에 필자가 참가하였을 때 겪은 일이다. 매일 아침 7시에 수영하러 리조트 근처의 바닷가에 나갈 적마다 영국인 70대 노부부가 손을 꼭 잡고 아침 햇살을 받으면서 금빛 모래가 깔려 있는 해변을 담소를 나누면서 거니는 모습을 보았다. 그 노부부의 다정한 모습은 지금도 지중해의 따스한 바닷물과 더불어 아름답게 연상된다.

남성사회문화연구소 소장인 이의수 씨는 "남자 리뉴얼(2009)"에서 다음과 같이 말하고 있다.

> 행복한 결혼 생활은 수명 연장에도 기여한다. 좋은 관계를 유지하는 부부는 싸움과 증오로 점철된 결혼 생활을 하는 부부보다 평균 4년 정도 장수한다고 한다. 편안한 상태에서 많이 분비되는 세로토닌 수치가 높을수록 면역력이 강해지기 때문이다. 인생의 동반자를 확실한 친구로 삼아라. 연봉 1억만큼의 가치가 있는 일이다. 그뿐인가. 건강해져서 수명도 길어진다.

부부는 나이가 들수록 부부 간의 정이 술처럼 짙게 익어 가도록 서로 노력하여야 한다. 과거의 아름다운 추억들을 자주 상기할수록 부부의 따뜻한 정은 유지된다. 아내나 남편이 어떤 일을 요청하거나 협조를 구할 적에 그것을 들어 주는 것이 좋다. 금실이 좋은 부부는 반려자에게 "하지 말아요."보다 "그렇게 하세요."라고 긍정적으로 반응을 보인다. 반려자가 상의를 하지 않고 단독으로 어떤 일을 한 뒤에 그것에 대해서 이야기하면 가급적 "잘했어요."라고 긍정적으로 반응하는 것이 좋다.

아무리 화가 나더라도 저속하고 거친 말을 해서는 안 된다. 화가 나면 말을 삼가고 심호흡을 해서 화를 가라앉혀야 한다. 그래도 화가 나면 다른 곳으로 가서 화를 풀어야 한다. 화난 상태로 있으면 부부 싸움이 커져서 파경(破鏡)으로 치달을 수 있다. 필자는 화가 나면 잠시 동안 외출을 하여 화가 풀릴 때까지 아파트 주변을 산책한다.

부부는 서로 예절을 지키면서 상대를 대하여야 한다. "잘 다녀와.", "커피 좀 타 줘." 등보다 "잘 다녀와요.", "커피 좀 타 주겠어요?" 등과 같이 '해요체'로 상대를 존중하면서 말을 하는 것이 좋다. 상대에게 어떤 일을 요청할 때에는 다음과 같이 명령문보다 의문문으로 표현하는 것이 더 효과적이다.

- 문을 닫아 줘요.
- 문을 닫아 주겠어요?
- 문 좀 닫아 줄래요?

국립국어연구원의 "표준 화법 해설(1992)"에서는 다음과 같이 상대를 부를 적에는 나이에 따라 달리 호칭하도록 규정하고 있는데, 부부가 단둘이 있을 때에는 상대가 좋아하는 호칭어를 사용하여 따뜻한 정을 담아 부르면 될 것이다.

- 신혼 초 : "숙희 씨!" 혹은 "동혁 씨!"
- 어린 자녀가 있을 적에 : ○○ 엄마! ○○ 아빠!
- 중년 이후 : 여보세요!

부부는 반려자의 말을 적극적으로 들으려 하고, 상대에게서 사랑을 받으려는 것보다 언제나 사랑을 주려고 힘써야 한다. 반려자가 세월 따라 늙어 가더라도 있는 그대로를 사랑하여야 한다. 다른 사람과 비교하여 부족한 점을 지적하여 말해서는 안 된다. 어떠한 상황에 처하더라도 반려자에게 상처를 주는 말이나 싫어하는 말을 해서는 안 된다. 낙엽이 되기 전의 단풍의 아름다움을 칭송하듯이 노년에 접어든 반려자를 아름답고 멋있게 인식하고 대하여야 한다.

부부는 일심동체(一心同體)이다. 부부는 서로 믿고 사랑하며, 감사하고, 존경하여야 한다. 그러면 부부 간에 의사소통이 원만히 이루어지고 부부의 인연은 아름답게 이어질 것이다.

부모와 자녀 간의 의사소통

가정의 리더는 부모이다. 부모는 자녀의 발달 단계를 고려하고 자녀를 독립된 소중한 인격체로 대하되, 자녀의 처지를 이해하기 위해 노력하여야 한다. 그래야 부모와 자녀 간의 거리가 가까워지고 의사소통도 원활히 이루어진다.

자녀는 부모의 분신이 아니라 독립된 인격체이다. 부모들 중에는 자녀를 독립된 인격체로 인식하지 않고 자신의 분신 혹은 소유물로 착각하고 자녀를 대하는 이가 있다. 이러한 사람은 자신과 자녀의 인생을 불행하게 할 수 있다. 자녀는 부모의 몸을 빌려 태어난 독립된 인격체이다. 따라서 부모는 자녀가 정신적·육체적으로 건강하게 성장할 수 있도록 도와줄 의무는 있어도 자기 욕심대로 자녀를 좌지우지할 권한은 없다. 부모와 자녀 간의 소중한 인연을 변함없이 뜨겁게 이어가려면 부모는 자녀를 독립된 인격체로 인식하고 사랑하며 도와주는 것으로 만족하여야 한다.

필자는 지난 2009년 7월말 모 인터넷 신문을 보고 충격을 받은 적이 있다. 그 신문의 2009년 7월 28일자 "'엄마 안티 카페' 개설에 네티즌들 '패륜 카페냐' 충격"이란 제목의 기사에 아래와 같은 대목이 있다.

　　“우릴 괴롭히는 부모라는 그들을 항상 따르고만 있어야 하는 건가. 그들을 증오하는 자여, 이리로 오라.”
　　“자식들을 상처 입혀 괴롭히는 부모가 부모인가. 우리는 너희들 노예가 아니야. ×××들아”
　　10대 중학생인 이 카페 개설자는 “소중한 생명을 탄생시키는 고귀한 ‘어머니’라는 칭호는 이미 타락됐다.”며 “탄생시킨 생명을 행복하게 키워 나가야 하는 존재들은 그 임무를 제대로 수행했다 보는가. 자식을 상처 입혀 괴롭히는 부모가 부모인가”라고 적었다.
　　카페에서는 부모를 ‘××’라는 욕설로 칭했고, ‘씨×’, ‘존×’ 등 욕설이 난무했고, 부모를 죽이고 싶다는 끔찍한 글도 있었던 것으로 알려졌다. 이 카페의 개설자는 “나는 엄마에게 학대를 받고 있다.”고 주장했다.

　　자녀의 언동이 부모의 마음에 들지 않는다고 자녀를 학대하여서는 안 된다. 자녀에게 폭언을 퍼붓거나 자녀를 폭행하여서도 안 된다. 자녀를 독립된 인격체로 인식하고 소중하게 대하여야 한다.

　　자녀와 대화를 나눌 적에는 부모가 말하기보다 공감적 경청을 하고 자녀의 삶을 이해하려고 힘써야 한다. 자녀가 그릇된 언동을 하면 자녀로 하여금 그러한 언동을 하는 이유를 이야기하게 하고, 자녀로 하여금 스스로 잘못을 깨닫고 바른 언동을 하도록 도와주어야 한다. 어려서부터 자녀와 다정하게 생활하면 자녀가 비행 청소년으로 성장하지 않는다. 사랑은 생명수와 같아서 자녀가 정신적·육체적으로 건강히 자라게 하는 필수 영양소이다.

세 살 버릇 여든까지 간다는 속담이 있다. 이것은 세 살 이전에 길든 버릇이 평생 간다는 말이다. 2008년 엄경옥 선생의 박사 학위 논문 "현대한국어 청자대우법의 사회언어학적 연구"에서는 부모가 자녀를 부르면 상당수의 청소년이 "왜?"라고 짜증 섞인 어투로 반응을 보인다고 한다. 정상적인 청소년이라면 "네, 엄마!" 혹은 "네, 아빠!"라고 공손하게 반응을 보일 것이다. 평소에 집에서 부모와 대화할 적에 반말을 사용하더라도 손님 앞에서는 부모를 존대하여 말하여야 한다. 이런 사람이 되게 하려면 자녀가 어릴 때부터 언어 예절 교육을 철저히 시켜야 한다. 세 살 이전에 자녀가 좋은 언어 습관을 가지도록 잘 도와주어야 자녀가 성인이 되어 좋은 언어 습관을 가지고 성공하여 행복하게 살게 된다.

부모는 어린 자녀의 그릇된 언동을 방임하여서는 안 된다. 어린 자녀가 문제가 있는 언동을 할 적에는 그러한 행동을 하지 않도록 교육을 하여야 한다. 자녀의 그릇된 언동을 방관하거나 너그럽게 인식하면 그 자녀는 세월이 갈수록 문제아로 성장할 확률이 많다. 부모는 이러한 사실을 명심하고 자녀가 영아와 유아일 적에 교육을 잘하여야 한다.

어린 자녀가 언어를 습득할 적에 언어 예절을 교육하여야 한다. 자녀와 이야기할 적에는 반말인 '해체'로 말하기보다 '해요체'로 말하는 것이 좋다. 아침에 자녀를 깨울 적에 차갑게 "어서 일어나!"라고 말하기보다 "우리 공주님, 어서 일어나세요!"라고 정겹게 말하고, 밥을 먹으라고 권할 적에는 "밥 먹어!"보다 "밥 먹어요."라고 말하는 것이 더 낫다. 이렇게 사랑과 존대를 받고 자란 사람은 부모뿐만 아니라 남도 사랑하고 존경한다.

자녀도 부모에게 늘 감사하는 마음을 가지고 예절 바른 언동을 하여야 한다. 이 세상에서 변함없이 가장 순수하고 뜨겁게 사랑하여 주는 사람은 부모이기 때문이다. 부모와 상담하여 해결하여야 할 문제가 있으면 마음의 문을 열고 부모에게 자신의 문제를 솔직히 말하고 함께 해결하기 위해 힘써야 한다. 부모가 언짢은 말을 하여도 공손히 들어야 한다. 이러한 부모와 자녀가 되려면 부모는 자녀를 사랑하고 자녀는 부모를 공경하면서 정겹게 대화를 나누어야 한다.

친구 간의 의사소통

친구란 친하게 지내는 사람이다. 친구 관계는 평등 관계이다. 친구 관계는 양방적인 것이지 일방적인 것이 아니다. 친구 관계에 있는 사람들은 다음과 같은 점을 공유하여야 진정한 의미의 친구이다(Reardon, 1987. 임칠성, 1997 : 259).

- 좋은 소식을 공유한다.
- 감정적인 지지를 보여 준다.
- 도움을 필요로 할 때 지원해 준다.
- 서로의 동료로서 상대방의 행복을 갈망한다.
- 그 사람이 없을 때 그 사람의 입장을 대변해 준다.

친구는 믿을 수 있으면서 배경 혹은 배후가 될 수 있는 사람이다. 좋은 친구, 훌륭한 친구는 삶의 울타리 역할을 하여 준다. 따라서 아무리 가까운 사이라도 늘 상대를 소중히 인식하고 대하여야 한다. 특히 친구 사이에는 믿음과 우정(友情)이 있어야 한다. 신뢰나 따뜻한 정이 없으면 진정한 의미의 친구라고 할 수 없다. 친구에게는 믿음이 있는 언동을 하여야 한다. 배신을 하거나 비정하게 대하면 친구 관계가 깨질 수 있다.

친구 간에는 상대의 처지를 배려하고 상대의 행복을 간절히 바라야 한다. 친구이니까 상대가 어떠한 언동도 널리 이해하여 줄 것으로 착각하고 친구의 입장을 무시하거나 친구를 뒤에서 비방하고 폄훼하는 해코지를 하여서는 안 된다. 친구가 어려운 처지에 있으면 위로하고 격려해 주어야 한다. 빈말이라도 비방하거나 폄훼하여서는 안 된다.

변함없이 우정을 이어 가는 친구가 되려면, 서로 마음의 문을 열고 공감적 경청을 하며 의사소통을 하여야 한다.

직장인들 간의 의사소통

직장은 돈을 받으며 일하는 곳이다. 그러기에 직장은 가정 다음으로 중요한 생활 터전이다. 직장에는 상사와 부하, 동료들이 함께 생활하는 곳이다. 가정에서 가족끼리는 흉허물 없이 생활을 하는데, 직장은 치열한 격전장과 같은 곳이기 때문에 늘 언동에 유의를 하여야 한다. 직장이 행복한 삶의 터전이 되게 하려면 직장인끼리 상호 존중하는 생활을 하여야 한다.

01 상사와 부하 직원 간의 의사소통

상사와 부하는 동일한 업무를 수행할 적에 열린 마음으로 의사소통을 하여야 한다. 부하가 업무를 수행하다가 해결하기 어려운 문제가 있으면 상사와 협동하여 해결할 수 있어야 한다. 이렇게 되려면 평소에 상사가 부하의 처지를 이해하고 격려와 칭찬을 아끼지 않아야 한다. 부하의 장점을 적극적으로 찾아 칭찬을 하고 격려를 하면 부하는 신바람이 나서 맡은 바 일을 한층 더 잘 수행할 것이다.

상사와 부하 간에는 위계질서가 지켜져야 한다. 상사가 착하고 인자하며 연약하더라도 언제나 상사를 존경하고 예의범절을 잘 지켜야 한다. 상사가 착한 사람이니 어떠한 언동을 하여도 상관없을 것이라고 잘못 생각하고 상사를 함부로 대해서는 안 된다. 엄격한 상사는 그때그때 부하를 꾸짖고 평가하지만 어진 상사는 마음속으로 엄격한 상사보다 더욱 불쾌하게 생각하고 나쁘게 평가할 기능성이 많다.

상사가 부하를 칭찬할 적에는 다음과 같은 점에 유의하여야 한다.

- 여러 사람이 있을 적에 칭찬을 한다.
- 부하가 칭찬할 일을 하면 제때에 칭찬을 한다.
- 공평한 기준에 따라 칭찬한다. 싫어하는 부하와 좋아하는 부하가 칭찬할 만한 일을 거의 비슷한 정도로 하였을 경우 똑같이 칭찬한다.

- 진심으로 칭찬을 한다.
- 밝은 표정으로 칭찬한다.

상사가 부하를 꾸짖을 때 유의할 점은 다음과 같다. 질책을 할 때에는 칭찬할 때보다 더욱 신중히 하여야 한다.

- 1 : 1로 있을 적에 질책하여야 한다. 다른 사람이 없는 곳에서 부하를 꾸짖어야 한다. 남들이 있는 곳에서 질책하면 부하는 뉘우치지 않고 상사를 원망할 가능성이 많다.
- 부하를 꾸짖을 일이 있으면 그때그때 한다. 부하가 잘못하였을 때에 꾸짖지 않고 나중에 꾸짖으면 부하가 영문을 모르고 서운하게 생각할 수 있다.
- 꾸짖기 전에 부하에게서 잘못한 경위를 충분히 청취한 뒤에 꾸짖어야 할 점을 정확히 파악하고 질책한다. 상사가 오해하였을 경우에는 꾸짖어서는 안 되고 부하에게 사과하여야 한다. 이와 같은 일이 자주 있으면 상사의 권위가 무너지므로 이런 실수가 없도록 부하의 잘못을 정확히 파악하지 않은 상태에서 부하를 꾸짖어서는 안 된다.
- 공평한 기준에 따라 질책한다. 싫어하는 부하와 좋아하는 부하를 차별하여 불공평하게 꾸짖으면 부하가 상사를 원망한다.
- 꾸짖은 뒤에 대안을 제시하여 준다. 부하는 이러한 상사를 존경한다.
- 현재의 잘못만을 지적하여 꾸짖는다. 과거의 잘못까지 열거

- 품위 있는 말로 상대의 처지를 배려하면서 꾸짖는다.
- 꾸짖는 시간은 되도록 짧아야 한다. 부하가 자신의 잘못을 충분히 깨닫고 미안하여 몸 둘 바를 몰라 함에도 불구하고 상사가 계속 꾸짖으면 역효과가 날 수 있다. 질책은 부하로 하여금 업무를 더욱 잘할 수 있게 하는 좋은 영양제 구실을 하는 것이어야 한다. 꾸짖음은 짧을수록 좋다.
- 부하를 꾸짖은 뒤 일정한 시간이 흐른 뒤에 부하를 불러 위로하고 격려하여 준다. 질책만 하고 격려는 하지 않으면 부하가 상사를 원망하거나, 의기소침하여 직장 생활을 생동감이 넘치게 하지 않을 것이다.

상사나 부하는 뒤에서 서로 흉을 보거나 비방하는 말을 하여서는 안 된다. 직장 상사나 부하를 뒤에서 헐뜯는 말은 자신뿐만 아니라 상대에게 상처를 주고 직장인들 간에 소통을 막는 독약의 구실을 한다. 그러한 사람이 많은 직장에서 근무하는 사람들 사이에는 따뜻한 정이 오가지 않고, 의사소통도 원만히 이루어지지 않는다. 그러한 사람이 많은 직장은 발전하지 못한다. 상사나 부하에게 불만이 있으면 직접 상대방에게 말하여야 한다. 같은 직장인들을 진심으로 칭찬하는 말은 자신뿐만 아니라 직장 발전의 윤활유 구실을 한다. 상사나 부하를 뒤에서 칭찬하면 때로는 몇 배의 긍정적인 효과를 낳기도 한다.

② 동료 간의 의사소통

직장 동료는 경쟁자이면서 협동자이다. 동료 간에도 열린 의사소통이 늘 이루어져야 한다. 동료라고 하더라도 무례한 언동을 해선 안 된다. 동료끼리 예절 바르게 대하여야 좋은 인간관계를 유지할 수 있는 법이다. 밝은 표정으로 동료를 대하고, 맡은 업무를 성실히 수행하며, 동료와 본의 아니게 경쟁하여야 할 경우에는 공명정대하게 한다. 동료가 어떤 일을 자신보다 잘할 적에는 진심으로 칭찬하여 준다. 동료가 실수를 할 적에는 그의 처지를 이해하고 실수하지 않는 방법을 솔직하게 일러준다.

어떤 업무를 함께할 적에는 최선을 다해 소임을 다한다. 상대의 의견을 성의껏 청취하고 그 의견이 자신의 의견보다 좋은 것일 경우에는 동료의 의견에 따라 업무를 처리한다.

직장인들은 '낮말은 새가 듣고 밤말은 쥐가 듣는다'는 속담이 있듯이 늘 말조심을 하여야 한다. 뒤에서 남을 칭찬할 것이 없으면 침묵을 지킬지언정 남을 헐뜯는 말을 해선 안 된다. 직장인들 간에 업무를 처리할 적에는 열린 마음으로 의사소통을 적극적으로 하여야 한다.

의사와 환자 간의 의사소통

　환자는 실력이 있고 친절한 의사를 선호한다. 훌륭한 의사는 환자의 고통을 함께하는 심정으로 모든 환자를 정성껏 대한다. 그의 말에는 따뜻한 정과 믿음이 담겨 있다. 그의 표정에는 인자함이 흐른다. 그런데 훌륭하지 않은 의사의 말에서는 인정과 신뢰감을 느낄 수 없다. 그는 무뚝뚝한 표정으로 퉁명스럽게 환자를 대한다.

　의사는 밝은 표정으로 환자를 맞이하여야 한다. 환자로 하여금 자신의 병을 극복할 수 있다는 자신감을 가지게 하여야 한다. 의사는 환자가 믿음을 가지도록 최선을 다해 환자를 치료하고, 환자가 건강을 회복하는 데 도움이 되는 말을 친절히 하여 주어야 한다. 피곤하고 짜증이 나더라도 찾아온 환자에게 불친절하고 냉정하게 말하여서는 안 된다.

　환자는 의사를 만나기 전에 의사에게 물어볼 것들을 메모하여 가지고 가서 의사에게 물음으로써 짧은 시간 안에 궁금증을 해결하도록 한다. 종합병원의 유명한 의사는 하루에 평균 50~60명의 환자를 상대하는 중노동을 하는 실정이라고 한다. 환자는 의사의 이러한 사정을 고려하여 의사를 만나 치료를 받아야 한다. 이와 같이 의사와 환자가 상대의 처지를 고려하여 의사소통을 하면 의사와 환자 간에 의사소통이 잘 이루어져 건강을 빨리 회복할 수 있을 것이다.

인사말은 의사소통의 촉진제 구실을 한다. 의사와 환자가 만나면 서로 반갑고 정중하게 "안녕하세요?"라고 인사를 한다. 진료를 마치고 헤어질 때 의사는 "안녕히 가세요.", "다음에 더욱 건강한 모습으로 만나요."라고 인사를 하고, 환자는 "고맙습니다. 안녕히 계세요."라고 인사를 한다.

구매자와 판매원 간의 의사소통

소비자인 구매자는 판매원인 상점 주인이나 종업원이 불친절하고, 바가지를 씌우는 곳에는 가기를 꺼린다. 판매원은 구매자를 소중한 존재로 인식하고 친절하게 대하여야 한다.

비싼 옷을 입은 구매자는 환대하고, 허름한 옷을 입은 구매자를 푸대접하여서는 안 된다. 판매원은 어떠한 구매자든지 간에 밝은 표정으로 정중히 친절하게 대하여야 한다. 구매자와 판매원은 서로 존대하여야 한다. 구매자와 판매원은 자기보다 어린 사람이더라도 존댓말을 구사하여야 한다.

판매원   (반가운 표정으로) 어서 오세요.
구매자   저 양복은 얼마예요?
판매원   15만 원입니다.
구매자   저 양복보다 싼 것은 없나요?
판매원   있습니다. 이것은 10만 원입니다.
구매자   그걸 주세요.
판매원   대단히 고맙습니다. 안녕히 가세요. 또 오세요.
구매자   안녕히 계세요.

　판매원은 구매자에게 거짓말을 해서는 안 된다. 당장 물건을 팔고 싶은 마음에 거짓말을 하면 구매자를 영원히 잃을 수가 있다. 구매자에게 신뢰를 잃으면 장사가 될 리가 없다. 판매원은 구매자를 언제나 정직하고 친절하게 대하여야 양자 간에 의사소통이 잘 된다.

낯선 사람 간의 의사소통

　우리는 거리를 거닐다가 낯선 사람과 이야기를 나누는 경우가 있다. 이럴 경우에도 그 사람에게 예절 바르고 친절하게 대하여야 한다.

　아무리 바쁜 상황이라도 낯선 이가 길을 물으면 친절히 안내하여 주어야 한다. 성인이 어린이에게 어느 지하철역으로 가는 길에 대해서 물을 적에 "미안하지만 서울역으로 가려면 어떻게 가야 하는지 가르쳐 주겠어요?"라고 존대하여 말하여야 한다. "야, 꼬마야! 서울역으로 가려면 어떻게 가야 하는지 가르쳐 줘."라고 반말로 거칠게 말하여서는 안 된다.

길 안내를 요청 받은 사람은 아래와 같이 친절히 안내하여 주고, 안내를 받은 사람은 아래와 같이 정중히 감사 인사를 하여야 한다.

A   여기에서 100미터 정도 가시면 ○○주유소가 있습니다. 거기에서 오른쪽으로 50미터쯤 더 가시면 서울역입니다.
B   대단히 고마워요. / 감사합니다.

자동차 추돌 사고를 당하여 낯선 사람과 언쟁을 벌릴 경우에도 예절을 지키면서 고운 말을 구사하여야 한다. 이때 화가 난다고 반말을 하거나 욕을 하여서는 안 된다. 낯선 사람도 사귀면 낯익은 사람이 되기 때문이다.

공감적 경청은 소통의 지름길

인생은 유한하다. 아름다운 삶은 남을 배려하는 삶이다. 가치 있는 삶은 남을 순수하게 사랑하는 삶이다. 남을 사랑하고 배려하면서 사는 사람은 아름답고 가치 있게 사는 사람이다. 아름답고 가치 있게 사는 사람은 겸손하며 공감적 경청을 하고 의사소통을 잘하는 사람이다.

모든 사람은 착하게 살기 위해 힘써야 한다. '積善之家(적선지가)에 必有餘慶(필유여경)'이라는 말과 같이 착한 일을 많이 하는 사람의 집에는 반드시 경사스러운 일이 있는 법이다. 남에게 좋은 일을 하면서 살아야 한다. 상대의 처지를 이해하고, 모든 것을 긍정적으로 보며, 상대에게 칭찬할 일이 있으면 그때그때 칭찬을 하고, 상대를 도울 일이 있으면 힘껏 도와주면서 살아야 한다.

질책과 비방(誹謗)은 온갖 반목과 갈등을 야기한다. 남을 꾸짖으며, 비웃고 헐뜯는 것은 악한 행위이다. '不積善之家(부적선지가)에 必有餘殃(필유여앙)'이라는 말과 같이 악한 일을 많이 하는 사람의 집에는 반드시 재앙이 있는 법이다.

착하게 살 것인지 아니면 악하게 살 것인지는 각자의 마음에 달려 있다. 지혜롭고 현명한 사람은 착하게 살려고 힘쓸 것이다. 모든 사람이 지혜롭고 현명한 사람이 되어 자기와 다른 점을 이해하며, 남을 배려하고, 남의 말을 존중하는 언어생활을 하여야 한다. 매력적인 사람일수록 겸손하며, 착하고, 공감적 경청을 한다. 그는 상대의 처지를 이해하려고 애쓰고 상대의 입장에서 상대의 말을 정성껏 관심을 가지고 적극적으로 듣는다. 이렇게 하면 의사소통도 잘 되고 인간관계도 좋아질 뿐만 아니라 행복하게 산다.

02 작은 배려는 부부 사이의 행복 윤활유

남자들은 여자들이 솔직하지 못하다고 한다.
여자들은 남자들이 어리석다고 한다.
아무리 이야기를 해 주어도 여자를 이해하지 못한다고 믿고 있다.

빈칸 채우기

사람들이 서로 대화를 하는 과정은 흡사 빈칸 채우기와 같다. 내가 "배고파."라고 말하면 상대방은 반드시 '배고파'라는 세 글자로 받아들이는 것은 아니다. 만약 그렇다면 "아 그렇구나!"라는 이해의 말만 하면 될 것인데 사람들의 반응은 각양각색이다. "햄버거라도 사 올까?", "맛있는 거 먹으러 나가자."와 같은 호의적인 반응을 보이는 경우도 있고, "그런데? 뭘 원하는 거야?"와 같은 전투적인 반응을 보이는 경우도 있다.

어찌 되었건 두 경우 모두 "배고파."라는 말에 대하여 문자 그대로 이해하고 반응한 것은 아니다. 분명 내가 말한 "배고파.” 뒤에 빈칸을 놓아두었고, 그것을 자신이 채워야 할 것이라는 생각에서 나름대로 내가 “배고파.”라고 말한 이유를 채워 넣는다. “배고파, [그러니까 밥 먹으러 가자.]”, “배고파, [그러니까 네가 뭐 좀 사 올래?]”, “배고파, [나 지금 너한테 사과하는 거야. 이제 화 풀어.]”와 같이 각자 말해진 “배고파.”라는 말 뒤에 생각을 채워서 해석하고 그에 따라 반응하는 것이다.

이러한 빈칸 채우기는 사실 말한 사람의 의도대로 정답이 되지 않는 경우가 많다.

“배고파.”
“그래? 그럼 우리 뭐라도 먹으러 나갈까?”
“아니, 난 그럴 시간이 없어. 네가 뭐 좀 사다 줬으면 해서 한 말이었어.”

이처럼 빈칸을 잘못 채운 경우는 오해를 낳게 되는데 이 경우에 있어서 상대의 잘못된 빈칸 채우기를 바른 대답으로 위의 대화처럼 수정해 주는 경우가 일반적이다. 그러나 좀 더 복잡한 관계에서는 자신의 의도를 알아주기를 바랐는데 그렇지 못해 서운한 마음만 남기고 마는 경우도 있다.

의도를 바르게 이해하고 반응하지 못한 상대에 대하여 설명하기보다는 서운한 감정을 드러내는 경우이다. 사다 달라는 의도를 이해하지 못했다는 서운함에 자신의 의도가 사다 달라는 것이었음을 밝히기보다는 "내가 그렇게 한가해 보이니?"라고 또 다른 괄호와 함께 화를 내는 것이다.

어떤 가수가 새 기타를 사서 유명 기타리스트의 음악을 틀어 놓고 기타를 치고 있었다고 한다. 그때 부인이 들어와서 남편에게 "당신의 기타 연주가 저 기타리스트의 연주보다 훨씬 훌륭해요. 난 당신의 연주만 듣고 싶어요."라고 말했다.

이러한 아내의 칭찬에 대해 남편은 아내가 자신을 늘 최고로 생각한다고 믿었다. 그런데 아내는 사실 두 개의 다른 연주가 너무 시끄러워서 하나의 연주만 듣고 싶었기 때문에 남편을 칭찬하여 음반에서 나오는 음악은 끄게 하고 싶었던 것이다.

이러한 경우 남편은 아내의 말의 빈칸을 잘못 채웠다. 그러나 이는 아내가 잘못 채우도록 유도하는 목적이 있었던 것이다. 아내는 잘못된 빈칸 채우기로 유도한 목적을 달성했고, 남편은 아내가 늘 자신을 최고로 생각한다는 자신감도 부가적으로 얻게 되었다. 이처럼 우리의 대화는 말한 대로 이해하거나 말한 대로 이해되길 바라지 않는다. 말한 대로 이해되길 바랐어도 그렇지 못하여 관계의 어려움이 만들어지기도 하고, 말한 대로 이해되길 바라지 않았는데 그 의도가 들켜서 관계에 어려움을 겪기도 한다.

대화는 단순히 문자의 조합으로 그 성공 여부를 가늠할 수 없다. 문자와 함께 전달되는 정보들에 의해, 그리고 그들의 관계에 의해, 또한 그 문자가 가지고 있는 함축적인 의미에 의해 뜻이 해석되고 이해되는 것이다.

대화를 이해하는 데 있어 이처럼 말로 된 단어들 외의 정보를 메타메시지(metamessage)라고 한다. 실제 우리는 상대가 말한 것의 의미를 해석할 적에 단어들의 의미보다 이 메타메시지를 더 많이 활용한다.

"사랑해."라는 말이 진심으로 느껴지지 않는다고 화를 내는 상대를 보며 왜 나의 진심을 알아주지 않느냐고 화를 내는 경우가 있다. 이는 상대에게 보내는 메타메시지가 "사랑해."라는 의미를 내포하고 있지 못하였기 때문일 것이다. 상대를 쳐다보지도 않고 먼 산이나 지나가는 사람을 보며 하는 말이었거나 대충 지나가는 말로 빠르게 하는 말이었거나, 지금까지의 오랜 시간 상대를 대해 온 태도가 무시의 태도였다면 상대가 그 진심을 느끼기 어렵기 때문에 "사랑해."라는 말의 본뜻대로 이해를 하는 것에 방해받은 것이라 할 수 있다.

결국 우리가 대화를 나누면서 오해하거나 이해를 하는 것은 이 메타메시지의 적절한 작용 여부라고 할 수 있다.

자식들이 사 온 선물에 대하여 부모가 "돈도 없는 애들이 이런 걸 사 가지고 오다니, 다음부터는 이러지 마라."라고 말했을 때 이 문상 자체로 보자면 분명 자식의 성의를 무시하는 말임에도 불구하고 자식은 이에 대해 화를 내는 경우보다는 부모가 자식에 대한 걱정에서 한 말이라고 이해하게 된다. 이는 평소에 부모가 자식에 대하여 얼마나 헌신적인 태도를 보여 주었는지, 그리고 부모가 나를 사랑하는 바가 얼마나 지극한지를 이해하고 있는 정보와 따뜻한 태도의 말하기라는 메타메시지가 같이 동반되었기 때문에 가능한 일이라 할 수 있다. 만약 별로 사이가 좋지 않은 친구가 준 생일 선물을 보고 "돈도 없는 애가 이런 것까지 사 가지고 오고, 고맙다."라고 말했다면 이는 무시의 의미로 받아들였을 것이다. 그런데 같은 문장이어도 이를 다르게 받아들일 수 있는 것은 결국 메타메시지의 역할인 것이다.

부부의 대화는 더 많은 메타메시지를 요구한다. 부부는 누구보다 가까운 사이라는 전제가 있고 누구보다 상대를 더 이해하여 주어야 하는 사람들이라는 전제가 있다. 이는 서로에게 암묵적으로 약속된 부분이다. 그렇기 때문에 때로는 눈빛만 봐도 알아야 하며 그렇지 못한 경우에는 대화와 전혀 관련 없는 '사랑'을 의심하기까지 이르는 것이다.

이제 부부의 이야기를 살펴보면서 이 메타메시지에 대한 해석적 변화가, 메타메시지를 만들어 가는 것에 따라서 부부가 이해하고 오해할 수 있는 과정들이 어떻게 나타나는지를 살펴볼 것이다.

어리석은 남자, 솔직하지 못한 여자

메타메시지 해석의 성공 여부에 따라 의사소통의 원활성이 보장된다. 그런데 메타메시지를 해석하는 데 있어 성공적이지 못한 이유는 상대에 대한 부족한 정보 때문이다. 의미를 해석하는 데 있어서는 일차적으로 문장에 나타난 정보를 이해하고 이것이 가지고 있는 함축적인 의미를 상대에 대한 정보와 관계 등을 고려하여 이해한다.

그런데 남자와 여자의 관계에서 나타나는 대화는 동성 간의 대화보다 메타메시지 해석에 있어서 실패의 확률이 더 높다. 그 이유는 메타메시지로 전달하는 내용의 비율과 문장에 담는 정보의 비율이 남녀가 서로 다르기 때문이다.

남녀 연인 간의 대화이다. 일과를 마치고 만난 두 연인이 헤어질 시간이 되어서 여자친구가 남자친구를 배려하여 한 말이다. "오늘은 피곤하니까 데려다 주지 않아도 돼요. 혼자 갈게요."라는 말에 남자친구가 동의하면서 인사를 하였다. 이러한 상황에 대해 학생들과 수업을 할 때 자주 물어보곤 한다. 이렇게 하고 난 다음에 여자친구는 분명 다음날 화가 나 있을 것이라는 나의 추측에 남학생들은 세차게 머리를 끄덕이면서 여자들은 이해하기 어렵다고 이야기한다.

여자친구가 원한 것은 정말 따로 가는 것이었을까를 반문하면서 그렇게 힘들고 피곤함에도 나를 걱정해서 또는 나와 헤어지기 싫어서 집까지 바래다주는 남자친구를 상상하였을 것이기 때문에 남자친구의 반응은 의외였고, 여자친구에게 서운함을 안겨 주었을 것이라고 해석해 주면 남학생들은 왜 여자들은 솔직하지 못한가에 대하여 이해할 수 없다고 한다.

남자들은 여자들이 솔직하지 못하다고 한다. 그리고 여자들은 남자들이 어리석다고 한다. 아무리 이야기를 하여 주어도 여자를 이해하지 못한다고 믿고 있다. 이는 남자와 여자가 문장을 구성하는 방식에서 차이를 가지고 있기 때문이기도 하다.

이는 다시 말하자면 남자는 드러나는 문장에 많은 정보를 담고 있는 반면 여자는 드러나는 문장보다 그 문장을 통해 함축되는 함축적 정보에 더 신경을 써서 말을 한다는 의미이다. 이는 상대인 남자가 나에게 얼마나 관심을 가지고 있느냐에 대한 시험이고 이를 남자가 통과해야만 나를 사랑하는 것이라 믿기 때문이다.

여자들은 '사랑=관심'이라 생각한다. 그리고 '관심'은 곧 내 마음을 읽어 내는 것이라고 생각한다. 여자들은 늘 사소한 것에 감격한다고 말하면서 남자친구가 혹은 남편이 자신이 말하기 전에 그런 것을 알고 챙겨 주었을 때 더욱 감격스럽다고 말한다.

남편의 친구들과 부부 모임을 가졌을 때였다. 남편의 친구 중 한 명이 도대체 부인들의 불만을 이해할 수 없다고 말하였다.

"쓰레기도 내다 버리라면 버려 주고, 청소도 하라면 하고, 애들 공부 봐 주라면 봐 주는데 도대체 뭐가 불만인가요? 왜 만족

그래서 내가 이렇게 대답하였다. "시키기 전에 먼저 해 주시면 불만이 없으실 거예요." 이는 시키는 자와 그에 따르는 자의 관계가 되었을 경우에는 같은 일을 하더라도 남편의 사랑스런 배려가 아니다. 단지 내 말을 따라 주는 사람일 뿐이기 때문이다. 그렇기에 나의 남편이 더 많이 나를 사랑하고 있다고 느끼는 것은 도와 달라는 요청이 아니라 부인이 하여야 할 일이 너무 많으니 도와야겠다는 관심과 배려 속에서 자발적으로 행동이 이뤄지기를 바라는 것이다.

이러한 바람은 말하는 방식에도 이어진다. 남자들의 발화 방식이 "쓰레기 좀 버리지 그래?"라면 여자들은 "쓰레기통이 꽉 찼어요." 혹은 "당신 지금 바빠요?" 등의 우회적인 구성 방식을 취하는 것이다. 이것은 남편과 부인의 힘의 관계에 의한 대화 방식의 차이가 결코 아니다. 서로가 원하는 부분이 다르기 때문이다.

이렇게 차이가 나는 대화의 방식은 메시지를 통해 얻고자 하는 목표에 따라 남녀 누구나 구성할 수 있는 방식이다. 그런데 많은 경우 여성들이 이러한 우회적인 방식을 채택하는 것은 사건과 애정은 다른 문제라 생각하는 남자와 달리 여자는 많은 사건에 남자의 따뜻한 마음과 애정을 결부하여 이해하고자 하기 때문이다.

또한 간접적인 문장 구성 방식을 즐기는 말하는 이는 대부분 '거절'에 대한 부담감 때문이기도 하다. 상대가 나의 제안에 대하여 '거절'을 하였을 경우에 대비해 직접적인 발화를 하기보다는 간접적인 문장을 통해 "그런 뜻이 아니었어."라고 거절에 대한 충격적 부담감을 줄이고자 하는 것이다.

"여보, 오늘 저녁 먹고 들어와요?"
"왜? 저녁하기 귀찮아? 먹고 갈까?"
"아니야, 저녁 같이 먹을 수 있을까 해서 묻는 건데 왜 그렇게 대답해?"

부인은 사실 친구들의 방문이 있어서 늦게 들어오길 바랐을지 모른다. 혹은 저녁을 차리기 귀찮아서 저녁을 먹고 들어오길 바라면서 던진 질문일 수 있다. 그러나 남편은 이에 대해 부인의 의도를 알고 저녁하기 귀찮으면 먹고 가겠다고 하자 부인은 본인의 의도가 드러나 미안한 마음에 아니라고 대답하면서 본 의도를 감추었을 수도 있다. 이러한 간접적인 메시지를 사용하는 경우는 자신의 의도를 상대가 알아 존중하여 주었으면 하는 바람에서 행해지는 경우가 많다. 반대로 나의 의사가 존중되지 않는다고 하더라도 직접적인 거절이 아니라 상대가 오해한 경우라는 인상을 주고자 하는 경우이기도 하다. 그뿐만 아니라 상대의 의사를 먼저 존중하겠다는 배려의 표현이기도 한 것이다. 이렇게 메시지를 구성하는 방식에서조차 차이를 지닌 남녀의 대화는 늘 충돌의 요소를 지니고 있다. 그러함에도 우리는 서로가 사랑한다고 믿고 평생을 같이하며 살아가는 것이다.

여자는 사소한 말에서 애정을 확인한다

몇 년 전 한 일간지에서 프랑스 여성들이 성공하기 위해서 남자처럼 말하는 법을 교육받고 있다는 기사를 본 적이 있다. 또 다른 말짱이 되기 위한 방법에 대한 기사에서는 남자들에게 여자들과는 배려하는 말하기를 할 것을 권고하고 있다. 여러 말하기 관련 자료를 보면 대부분 여자와 남자의 말하기 방식에 차이가 있다고 한다.

외국인을 가르치는 한국어교육원에 강의를 하러 가면 아침에 만나는 선생님들과 대부분 칭찬의 대화로 인사가 시작된다.

"오늘 정말 화사하시네요."

이곳의 특징은 90% 정도가 여자 선생님이다. 이곳에서 근무하는 남자 선생님이 하루는 우스갯소리로 "이젠 칭찬 지겨워."라고 말한 적이 있다.

데보라(Deborah)는 그녀의 책 "You Just Don't Understand"에서 여자는 친교에 관심을 쏟고 남자는 독립에 중점을 둔다고 한다. 즉 남자보다 여자는 대화를 해석하고 대화를 하고, 사건을 결정하는 데 있어 '관계'에 많은 부분을 집중하고 있다는 말이다. 그렇기 때문에 여자들은 사적인 부분에 대한 관심을 표현하는 대화를 즐긴다. 이것이 상대에 대한 친밀감의 표시이고 관계성을 구축하는 데 큰 도움이 된다고 생각하기 때문이다. 안경을 바꾸거나 귀걸이를 바꾸는 것과 같은 사소한 변화에도 신경을 써 주는 동료에게 강한 친밀감을 느끼게 되고 이러한 친밀감의 지속은 공적인 일을 처리하는 데에도 큰 도움이 된다는 것이다. 그렇기 때문에 돈독한 유대감을 갖기 위해서는 사적인 부분에 대한 대화를 많이 하게 된다.

이러한 남녀의 대화 방식의 차이가 부부 간에도 나타난다. 모 제약 회사 광고에서 오랜만에 미용실에서 머리를 하고 와서 남편을 기다리던 부인이 자신이 새로 머리를 한 것을 알아차리지 못하고 "배고파. 밥이나 줘."라고 말하고 들어가는 남편에게 상처받았다는 내용의 광고를 한 적이 있다.

여자는 '관계'에 집중한다. 이 관계를 지속시키는 힘은 '관심'이라고 여자들은 생각한다. 사소한 것도 놓치지 않아 주는 관심을 통해 감동을 받고 이를 통해서 관계는 지속되는 것이라고 생각한다. 이렇게 볼 때 평생을 돈독한 관계를 지속하고 싶은 남편이나 남자친구에게 있어서 관심을 요구하는 것은 어쩌면 당연한 일일 것이다. 사소한 것도 놓치지 않는 관심의 표현은 곧 애정이고 사랑의 표현으로 생각하기 때문이다.

"여보, 오늘 머리 했어?"
"옷이 바뀌었네, 멋져, 아주 잘 어울려."
"소파 위치를 바꿨어? 집이 더 넓어 보여."

이처럼 아내가 행한 사소한 변화도 남편이 알아차려서 말해 주기를 아내가 바라는 것은 부부 관계를 긍정적으로 지속하고자 하는 제스처로 받아들이는 것이며, 그 반대의 경우는 아내

로 하여금 남편이 아내에 대한 애정과 사랑이 없다는 것으로
인식하게 하는 것이다.

　이러한 설명에 대해 남자들은 "그런 사소한 것에 대한 대화
가 왜 둘의 관계의 큰 줄기인 사랑과 무슨 관계가 있느냐?"고
반문한다. "도대체 머리가 바뀐 것을 모르는 것이, 새로 산 옷
에 대해 말해 주지 않는 것이 왜 사랑하지 않는 증거인지 이해
할 수 없다."고 말한다. 그에 대해 여자들은 "어떻게 사랑하는
사람인데 관심이 없을 수 있으며, 관심이 있다면 그러한 큰 변
화도 인식하지 못하는가?", "인식을 했다면서 말 한마디 건네
주는 것이 뭐가 어려워서 말해 주지 못하는가?"라고 말한다.

　그 어느 쪽도 틀린 설명은 아니다. 단지 여자들은 사소한
것에 대한 관심의 표명이 큰 관계를 유지시키는 밑거름이며
이를 위해서 평소에 지속적인 표현을 통해 쌓아 나가야 한다
고 생각한다. 그러나 남자들은 이러한 사소한 일은 절대 둘
간의 관계를 측정할 요소가 되지 못하다고 인식하는 것이다.
이러한 인식이 결국 말하는 방식을 이끌고, 관계를 쌓아 가고,
일을 처리하는 방법에까지 영향을 미치는 것이다.

대화를 이해하는 틀

쇼펜하우어(Schopenhauer)는 고슴도치의 행태를 관찰하여 인간관계에 대한 적절한 예를 제시하였다. 날씨가 추워지자 고슴도치들은 추위를 이기기 위해 서로 가까이 모였다. 그런데 너무 가까워지자 상대방의 가시에 찔려 상처를 입게 되었다. 그러자 고슴도치들은 여러 번의 시도와 실패 끝에 서로의 체온이 도움이 되고 가시에 찔리지 않는 적당한 거리를 찾아 그 겨울을 따뜻하게 났다는 것이다.

남녀가 만나 많은 대화를 나누며 사랑을 키워 가고 이에 대한 확신을 가지고 평생을 함께하기 위한 부부가 된다. 그리고 부부는 많은 대화로 서로에게 상처를 주고 위로하며, 서로 평생을 적당한 거리에서 체온을 유지해 주는 반려자로 살아가게 된다. 이러한 과정에는 수많은 대화의 가시와 이로 인한 상처, 그리고 반복을 통한 굳은살이 존재한다. 굳은살이 생기지 못하고 가시에 의해 상처만 깊어져 치료되지 못하면 그 상처의 깊이로 인해 부부는 건강한 관계를 형성하지 못하고 이로 인해 헤어지게 되는 것이다.

두 사람이 대화를 하고 이해를 하게 되는 데는 많은 요소가 작용한다. 위에서 살펴본 것과 같이 문장의 뜻만으로 이해가 되는 것이 아니라 수많은 요소들, 관계나 상황, 뉘앙스 등의 메타메시지가 중요한 역할을 하게 되는데 이러한 메타메시지를 해석해 내는 근거는 기존에 우리가 가지고 있던 많은 정보에 의해서 가능하다.

전라도로 시집을 간 며느리가 전체 가족회의에 참석을 하였다. 그런데 시아버지가 말하기를 "이번에 거시기가 거시기하는 바람에 우리가 매우 거시기 한데, 그래서 우리가 이번에 거시기를 돕기 위해서 거시기 좀 해야겠어."라고 하였다. 며느리는 도저히 무슨 말인지 알 수 없었으나 모두들 "예." 하고 대답하는 것이었다. 그래서 며느리가 가족회의가 끝나고 남편에게 그것이 무슨 말이었냐고 물었더니 "이번에 둘째가 문제가 생기는 바람에 우리가 매우 걱정이 많은데, 그래서 우리가 이번에 둘째를 돕기 위해서 돈을 좀 걷어야겠어."라는 말이었다고 해석해 주었다. 며느리는 '거시기'라는 대명사가 그렇게 다양하게 쓰였음에도 이 모든 것을 이해하는 가족이 몹시 신기하였다.

조지 베이트슨(George Bateson)은 대화를 이해하고 해석하는 데 있어 '프레임'이란 개념을 제시하였다. 이 프레임은 실제 메타메시지를 이해하여 전체 대화를 이해하는 틀인 것이다. 위의 예에서 전라도 시아버지의 말을 모든 가족이 알아들을 수 있었던 것은 시아버지의 발화 프레임과 듣는 이의 해석 프레임이 일치했기 때문이다. 상황 정보에 대한 공통된 공유, 가족이라는 동질감, 그리고 둘째를 도울 길이 돈이라는 공통된 인식 또는 정보 등이 이 발화를 동일하게 해석하는 데 도움을 준 것이다. 그러나 며느리는 이에 대한 공통된 정보를 가지고 있지 못하여 동일한 프레임을 세울 수 없었다.

만약 가족 가운데서도 마지막 '거시기'에 해당하는 도움 부분에 있어 다른 프레임을 가지고 있어서 '돈'이 아닌 물건을 사 준다거나 사건 해결을 위한 다른 방법으로 이해할 수도 있는 것이다. 이처럼 프레임은 대화의 이해와 오해에 큰 영향을 미친다.

　부부 관계에 있어 이 프레임은 더욱 큰 역할을 한다. 부부는 '사랑'이라는 이름 아래 같은 프레임을 가지고 있을 것이라 전제한다. 전제한다기보다는 그러기를 바란다. 흔히 부부가 서운함을 털어 놓는 말에 "어쩜 남편이라는 사람이(혹은 아내라는 사람이) 남보다 더 이해를 못해요."가 있다. 상대는 나와 동일한 프레임을 가지고 있기 때문에(아니 있어야 하기 때문에) 누구보다도 더 완전하게 나의 말을 이해하고 이를 감정적으로도 받아들여 주어야 한다고 생각하기에 나온 말일 것이다. 그런데 사실 사람들 간의 프레임이 완전히 일치하는 경우는 찾아보기가 어렵다. 서로 다른 사람이 기계처럼 동일한 정보를 가지고 동일한 값으로 해석하는 것은 불가능하기 때문이다. 그리고 같은 상황과 말도 언제나 동일하게 받아들여지는 것은 아니다. 그것은 사건에 대한 프레임도 변화하기 때문이다.

　의사소통 수업에 참여한 한 학생이 일요일 아침에 배드민턴을 치러 나가는 것 때문에 부인과 늘 싸운다는 말을 하였다. 이에 대해 남자들은, 결혼하기 전에는 운동을 하는 것을 좋아했으면서 결혼을 한 후에 부인이 변하였다고 한다. 이는 부인이 남편의 운동에 대한 프레임이 변하면서 나타나는 현상이다.

남자친구일 때 "이번 주말에 농구하러 갈 건데 같이 갈래?" 또는 "수영장 갈 건데 같이 가자."라는 말에서 여자친구가 이해하는 '농구'나 '수영'은 '나와 함께'라는 데이트의 프레임 안에 존재한다. 그러나 결혼한 이후에 "농구하러 갔다 올게." "골프 치러 갔다 올게."에서 부인이 이해하는 '농구'와 '골프'는 가족과 함께 하지 않고 혼자의 시간만을 즐기고자 하는 이기적인 행동의 프레임 안에 존재하는 것이다.

그래서 남편들이 "우리 같이 농구하러 가자." 또는 "내가 건강해야 가족이 건강하잖아?"와 같이 말하여 운동이 이기적인 행동이 아니라 '건강'을 위한 것이고 또한 건강은 곧 가족의 행복을 위한 것이라고 부인의 프레임을 변화시키고자 한다. 그러나 연인에서 자녀가 있는 가족으로 변화된 상황을 입력한 부인의 프레임은 여전히 건강과 레저라는 프레임만으로 운동을 바라보는 남편과는 대화의 거리를 좁히기가 어려운 것이다. 이처럼 프레임의 일치는 결국 의사소통의 원활성을 넘어서 좋은 관계를 유지시키는 데 매우 중요한 요소이다.

부부는 한평생을 살아가면서 수많은 대화를 나눈다. 연인일 때부터 부부가 되어서 보내는 시간 동안 사실 비슷하고 동일한 대화에 대하여 상이한 반응을 보이는 남편이나 아내를 접하면서 부부는 갈등을 하게 된다.

많은 선배 부부가 예쁘게 연애하는 후배들에게 장난삼아 던지는 충고 중에 "… 때문에 사랑해서 결혼해요."라고 하는 부분이 결혼하고 난 후에는 "… 때문에 못 살겠어요."라고 바뀔 것이라고 한다.

　　결혼한 지 일 년 정도 지난 여자 친구들이 모여서 이야기를 나누고 있었다.

미진	우리 시댁은 일주일에 한 번 정도는 꼭 모여서 식사를 같이 해. 우리 신랑은 그 모임에는 어떤 일이 있어도 가야 하고. 아직 신혼인데 우리 부부만의 주말이 없어서 너무 속상해.
수정	너 결혼하기 전에도 네 남편은 가족 모임이 많았잖아. 넌 그게 화목해 보인다고 좋아했고.
미진	그랬지. 하지만 결혼하니까 그게 꼭 좋지만은 않더라. 넌 어때?
수정	우리 남편은 너무 바빠. 회사 일을 열심히 하는 건 좋은데 지나친 것 같아. 야근도 많고 때로는 집으로 일을 가져오기도 하고.
미진	성실하고 열정적인 모습이 보기 좋다고 매력이라더니.
수정	그랬지. 하지만 결혼하고 가정을 꾸렸는데 가정보다 일이 우선인 것 같아서 요즘 매일 싸워.

　미진 씨와 수정 씨는 결혼하기 전 남편의 장점이 결혼 후에는 모두 단점으로 변화하였다. 수정 씨에게 있어 결혼하기 전과 후의 '가족'의 의미가 변화하였는데, 남편은 그렇지 않아 불만이 생기게 된 것이다. 수정 씨가 생각할 때 남자친구의 가족 사랑의 모습은 결혼 후에 나와 나의 자녀 그리고 남자친구가

만든 가족으로 바뀔 것이고, 이렇게 새로 생긴 가족을 지금의 모습처럼 제일 우선으로 사랑할 것이라 생각하였을 것이다. 그런데 결혼 후에도 남편의 '가족' 프레임은 기존의 부모님과 형제자매로 굳어져 있고, 자신과 새로이 만든 '가족'으로 프레임 변동이 되지 않는 점에서 실망을 느끼게 된 것이다.

수정 씨 역시 '일'이라는 객관적인 대상물로 표출되는 남자친구의 '성실함'과 '열정'이 가족을 이루고 난 이후에 '가족'을 사랑하고 유지하는 것에도 적용될 것이라고 생각했을 것이다. 수정 씨가 가진 남자친구의 '열정'과 '성실'의 프레임은 '일'이 아니라 자신과의 관계 및 새로 꾸릴 가족과 연관되어 있었으나 본인이 기대한 것과 일치하지 않는 것을 확인하면서 마찰을 빚게 된 것이다.

해석을 위한 프레임은 이와 같이 말하는 이와 듣는 이가 동일하지 않거나 상황에 따라 변화한다. 이러한 불일치나 일방적인 변화는 상대에게 당혹감을 가져다주고 갈등의 원인이 되는 것이다.

부부의 대화가 갈등을 유발하는 이유에는 말하기의 목적과 관련된 경우가 많다. 흔히들 남녀의 대화 방식의 차이라고 말하는 것인데, 남자는 목적 없는 발화를 하지 않는다는 전제로 부인의 대화를 이해하고 부인은 그저 일상적인 사건의 공유를 위해 대화한다는 것이다.

아내는 남편에게 오늘 만났던 아들 친구의 이사에 대해서 이야기하고 있다. 친한 이웃에 대한 이야기를 화제 삼아 남편과 소소한 대화를 하고 싶었던 것이다. 그런데 남편은 이에 대해 화를 내고 있다.

그레이(Gray)의 "화성에서 온 남자, 금성에서 온 여자"를 보면 이런 경우 남자는 여자의 대화를 자신의 능력과 연관 지어 생각하기 때문에 화를 낸다는 것이다. 남자에게 대화는 목적을 가진 이성적인 행위이다. 모든 대화의 내용은 정보이고 소소한 나눔이 될 수는 없는 것이다. 게다가 가장은 가족의 욕구를 만족시켜야 한다는 생각을 가지고 있다. 이러한 모든 것이 아내의 말을 해석하는 프레임에 작용하여 이웃의 이사에 대한 이야기를 자신의 재정적 능력으로 연결하여 이해함으로써 짜증을 내게 되는 것이다. 그러나 아내는 단지 하루의 일상을 남편과 나누기를 원했고 남편이라는 존재는 가족을 함께 유지해 가는 파트너로서 일상을 나누어 정보를 공유하고 소소한 감정적 교류를 할 수 있어야 한다는 대화의 프레임을 가지고 있는 것이다. 그리하여 일상의 한 부분을 이야기하였을 뿐인데 남편의 짜증에 황당함을 느끼게 되는 것이다.

아는 만큼 사랑한다

서로를 이해하지 못해서 잦은 싸움을 하던 부부도 점차 시간이 흐르면서 싸움의 횟수가 줄어들게 된다. 그 이유는 상대를 전보다 더욱 이해할 수 있게 되었기 때문일 것이다. 이러한 이해는 완전히 상대가 행하는 행동과 말에 대한 동의로서의 이해가 아니라 상대의 말과 행동의 의도를 이해한다는 것이다. 아내나 남편이 그러한 말과 행동을 하는 이유를 알기에 어떻게 대응해야 할지도 알고 이에 익숙해지면서 싸움이 잦아지는 것이다.

남편이 자기의 아내가 하는 말 중에 가장 이해할 수 없다고 하는 것 가운데 하나는 "옷이 없다."는 것이다. 모임이 있어 같이 외출 준비를 할 때나 동창 모임과 같이 비교적 중요하다고 생각하는 모임을 준비하는 아내에게서 들려오는 가장 흔한 말 중 하나이다. 이에 대해 남편들은 자신의 옷장의 두 배를 차지할 만큼의 옷을 가지고 있으면서 옷이 없다고 불평하는 아내를 이해하지 못한다. 그래서 "이렇게 옷이 많은데 왜 옷이 없다고 그래?"라고 말한다.

그러나 부인들이 말하는 "옷이 없다."는 것은 실제적으로 옷이 하나도 없다는 말이 아니다. 모임에 맞는 적절한 옷을 찾을 수 없고 모임에서 좀 더 멋져 보여야 한다는 강박관념에서 나오는 걱정인 것이다. 시장을 가듯 편히 입고 가서 누구에게 잘 보여야 할 의무가 없는 그런 곳이 아니기에 좀 더 그 모임은 돋보이고 싶은 자리라는 생각에서 옷에 신경을 쓰게 됨으로 인해 나오는 불평인 것이다. 이를 이해하지 못하는 남편의 경우는 "그럼 벗고 다니나?", "옷이 없긴 왜 없어? 저렇게 많은데." 하고 화를 내곤 하는 것이다.

그러나 시간이 지나면서 남편들의 반응은 많이 변해 간다. 아내가 왜 그렇게 옷에 신경을 쓰는지를 이해하게 되고 "이번 주말에 같이 쇼핑하러 가지.", "내가 원피스 한 벌 선물할게. 마음에 드는 걸 골라 봐."라고 아내의 마음을 흡족하게 하는 말을 건네기도 한다. 그렇지 못할지라도 침묵함으로써 처음과 같이 아내의 화를 더 돋우지는 않는다. 이렇게 남편의 태도가 변하는 이유는 시간의 흐름 속에서 획득한 아내의 정보를 가지고 아내의 발화와 같은 프레임으로 받아들일 수 있게 되었기 때문이다.

그러나 이렇게 같은 프레임으로 아내와 남편이 서로를 이해하게 되었다 하더라도 완전하게 공감하게 되었다는 것을 의미하는 것은 아니다. 여전히 남편은 수많은 옷을 두고도 사시사철 옷 타령하는 아내를 이해할 수는 없다. 그럼에도 처음처럼 싸우지 않는 것은 공감하고 반응하였기 때문이 아니라 적절한 반응 방법을 알았기 때문인 것이다.

우리가 대화를 할 때 서로의 대화를 이해한 대로 반응하는 것이 아니다. 예를 들어 친구로만 느껴지는 대학 동기가 하루는 찾아와서 "너 날 어떻게 생각해?"라는 우회적인 고백을 하여 왔을 때, 이것이 연인으로 발전하자는 고백이라는 것을 알았다고 해서 그대로 반응하지 않는다. 오히려 어색해질 관계를 고려하여 모르는 척 "잘 생각해."와 같이 농담으로 무마하기도 한다. 이는 대화를 하는 데 있어서 이해가 반응을 하는 최종적 단계가 아니라는 증거이다. 문자를 해독하여 그 문장적 의미를 이해했다면 그 다음은 그 문장에 담긴 속뜻을 이해하여 함축적 의도를 이해하고, 이렇게 이해한 내용을 바탕으로 우리는 우리가 그 말에 어떻게 반응해야 할 것인지를 다시 한 번 결정하게 되는 것이다.

오랜 시간을 함께한 부부는 상대방의 말에 동의하고 공감하여 반응하는 대화도 많지만, 이러한 관계의 중요성이라는 측면에서 문장이 이해된 것과 상이하게 반응하여 관계의 원활성을 지키려는 경우도 많다.

대화를 이해하고 반응하는 방법에는 문자적 의미를 이해하고 반응하는 것, 함축적 의미를 이해하고 반응하는 것, 적절한 반응의 방법을 알고 반응하는 것이 있다. 이는 부부가 함께 보낸 세월과 비례한다. 서로가 만나 서로를 알지 못하는 상황에서는 문자적 의미에 치중하여 함축적 의미를 궁금해 하고, 좀 더 서로를 알게 된 경우에는 함축적 의미의 의도를 이해하지 못하여 괴로워한다. 그리고 이러한 시간을 지나게 되면 함축적 의미와 의도를 모두 이해하게 되어 이제는 적절한 반응이 무엇인지까지도 알게 되는 것이다. 이렇게 되었을 때 우리는 '눈빛만 봐도 안다'라고 말하는 것일 것이다. 결국 부부가 의사소통을 원활히 하기 위한 방법은 서로가 말하고 있는 정

보가 궁극적으로 무엇인지를 정확히 알고자 하는 노력일 것이
다. 이러한 정확한 정보가 쌓여서 '참고 사는' 부부가 아닌 '대
화하는' 부부가 될 수 있는 것이다.

03 자녀의 행복 지수를 높여 주는 대화

우리 가정에서 자녀와의 대화 시간은 얼마나 될까?
자녀의 행복을 생각하며, 아이의 미래를 내다보며 소통하는 경우는 얼마나 될까.
자녀의 입장을 고려하고 열린 마음으로 이야기를 들어 준 적은 많은가.
인내심을 가지고 친근하게 대화하는 부모,
성장에 동력이 되는 말 한마디를 오늘도 우리 아이에게 보낸다.

동등한 무게로 대화하기

자녀의 영적·육적·지적 성장과 발달에 가장 큰 영향을 미치는 사람은 부모이다. 그러한 부모와 자녀 간의 관계에서 가장 중요한 소통과 문제 해결의 수단은 대화이다. 따라서 부모와 자녀 사이에 대화가 막히게 되면 소통이 단절되고, 소통이 단절되면 여러 가지 문제가 파생되게 마련이다. 그러므로 부모와 자녀 사이에는 항상 대화의 문이 열려 있어야 하고, 부모와 자녀는 가장 친근하고도 중요한 대화 파트너로서의 상호 관계가 항상 유지되고 있어야 한다. 지금은 모든 부모가 자녀와의 대화 전문가로 거듭나야 되는 시대이다. 이제 부모라는 단어의 의미 영역 속에는 대화 전문가라는 의미가 반드시 포함되어야 한다. 그러자면 부모는 자녀와의 성공적인 대화법에 대한 지식과 기능과 지혜를 체득하고 활용할 줄 알아야 한다.

마음 열고 대화하기

의사소통 유형이란 표현자와 수용자가 상호 간의 밀접한 감정 교류와 개인의 생각이나 관심 등을 표현하는 과정에서 일어나는 언어적 상호 작용의 전달 방식이다.

자녀의 행동과 어머니의 반응을 관련지어 부모와 자녀 간 의사소통 유형을 분류하면, ① 쌍방 차단형, ② 청소년 차단-어머니 개방형, ③ 청소년 개방-어머니 차단형, ④ 쌍방 개방형 등 네 가지로 나뉜다(Beaubien, 1970). 이것들 중에서 가장 효과적인 것은 자녀와 어머니가 서로에게 반응적인 '쌍방 개방형'이다.

가족 역할 체계에 초점을 맞추어 분류한 의사소통 유형은 지위 지향성과 인성 지향성으로 나뉜다(Beaubien, 1971). 지위 지향성은 각 개인의 사회적 지위에 입각하여 제한된 언어를 사용하며, 개인의 행동이 역할 기대에 의하여 통제된다. 따라서 폐쇄적 의사소통 양식을 가지게 된다. 반면에 인성 지향성은 가족 구성원의 귀족적 지위보다는 심리적 속성이나 상황에 따라 역할이 달라지므로 조건에 따라 변할 수 있는 융통성을 가지며 개방적 의사소통 양식을 가지게 된다(권혜진, 1993).

어떤 이는 행동하고 말하는 모든 방법을 생존하는 방법으로 보고, 의사소통 유형을 회유형(Placating Stance), 비난형(Blaming Stance), 평가형(초이성형, Super-reasonable Stance), 혼란형(산만형, Irrelevant Stance), 일치형 의사소통(순기능적 의사소통, Congruent Stance) 등 다섯 가지로 분류한다(Satir, 1972).

회유형의 사람은 자신에 대한 존중감이 낮고 변명과 아부를 하며, 남이 요구하는 대부분의 것에 동의하는 성향이 있다. 회유형의 사람은 다른 사람과 상호 작용하는 상황을 존중하지만 자신의 진정한 감정을 존중하지 않으며, 스스로는 정말로 중요하지 않다는 메시지를 자신에게 보낸다. 비난형의 사람은 회유형의 사람과는 정반대의 유형으로 자기주장이 강하고 독선적이며 명령적이고 지시적이다. 의사소통에 있어 평가형은 자신이나 다른 사람을 과소평가하는 경향이 있다. 이들은 다른 사람의 감정을 부정하고 지나치게 합리적인 상황만을 중요시한다. 또한 이들은 기능적인 것만을 말하며 대부분 객관적인 자료나 논리에 근거해서 의사소통을 한다. 혼란형의 사람은 계속해서 움직이며 토론하고자 하는 주제에 대한 사람들의 관심을 분산시키려고 한다.

혼란형은 생각이 자주 바뀌고 동시에 혼란스런 행동을 보이며 어떤 하나의 특별한 주제에 초점을 집중할 수가 없다. 이들에게는 자신, 다른 사람, 상황, 모두가 중요하지 않다. 생각 없이 책임이 없는 말을 하거나 다른 사람의 질문의 요점과는 상관없는 내용으로 의사소통을 하고 주의 집중을 잘 못한다. 일치형 의사소통 유형은 순기능적 의사소통이라고 일컫기도 한다. 이것은 사람들이 다른 사람과 의사소통을 하는 방법 가운데 가장 좋은 모델이다. 이 유형은 기능적이며 원만하고 책임감이 있고, 정직하며 친근감과 능력, 창의성이 있다. 그리고 현실 문제를 현실적인 방법으로 해결할 수 있는 능력을 가진 사람들이 의사소통하는 방법이다. 순기능적으로 의사소통하는 사람은 자신에게 자유로우며, 다른 사람을 자유롭게 수용하며, 자신과 다른 사람을 사랑하며, 변화에 대하여 융통성이 있고 개방적이다.

부모와 자녀 사이의 의사소통 방법으로는 '너-전달법(You-message)'과 '나-전달법(I-massage)'이 있다.

'너-전달법'은 명령·경고·설교 등의 형태로서 자녀는 무엇을 하여야만 하는가(해결책 제시), 또는 자녀에게 그가 어떻게 나쁜 아이인가(비난 혹은 평가)라는 식의 해석을 하게 하는 경우가 많다. 그 반면에 '나-전달법'은 자녀의 행동에 대해 부모 자신이 어떻게 느끼는지를 전달함으로써 부모의 입장이나 느낌을 알려줄 수 있다. 또한 이 방법은 부모가 받아들이기 곤란한 자녀의 행동을 변화시키는 데 효과적이며, 부모와 자녀 관계에 더욱 건전한 영향을 준다. 다시 말해서, 자녀의 행동에 대한 책임을 자녀 자신의 책임으로 하게 하기 때문에 행동 변화에 효과가 있다. 또한 부모의 정직한 감정을 전달하는 것 이외에도 자녀가 어떤 감정을 품고 있을 때 자녀 쪽에서도 정직한 메시지를 표현·전달하는 효과가 있다. 또한 자녀의 긍정적인 자아관을 형성하는 데는 '나-전달법'이 효과가 있다.

부모와 청소년 자녀 사이의 의사소통 유형을 순환 모형에 기초하여 가족의 응집성과 적응성이 기능적인 수준이 되도록 도와주는 개방형 의사소통과 이를 방해하는 문제형 의사소통으로 구분하는 이도 있다(Barnes & Olson, 1982). 개방형 의사소통이란 부모와 청소년 자녀 간의 상호작용에서 억압받지 않고 자유롭게 자신의 생각이나 감정을 표현하는 의사소통 방법을 말한다. 반면에 문제형 의사소통이란 부모와 청소년 자녀 간의 상호작용에서 의사 교환을 주저하고, 주제 선택에 조심하며, 의사소통이 원활하게 이루어지지 않는 역기능적인 의사소통을 의미한다.

부모와 자녀 간의 대화는 가족의 응집성과 기능성에 순기능적으로 작용할 수 있도록 하여야 한다. 가족의 역할은 고정된 것이 아니라 심리적 속성이나 상황에 따라 달라지므로 융통성을 가시며 개방적인 의사소통을 하여야 한다. 부모 자식 간 상호작용에서 억압받지 않고 자유롭게 사상이나 감정을 표현할 수 있으며, 자신의 감정과 생각을 중요하게 인식할 뿐 아니라 타인의 생각도 수용할 수 있어야 한다. '나―전달법'은 자신의 감정과 생각을 정직하게 전달할 수 있으므로 부모와 자식 간에 대화를 할 적에 매우 유용한 의사소통 방법이다.

마음을 닫게 하는 대화

부모와 자녀 간에는 서로 이해하고 협력을 촉진하는 말보다는 대화에 방해가 되는 말을 더 많이 하는 경향이 있다. 다음은 이민정(1997b : 286~329)이 제시한 대화에 방해가 되는 말의 예이다.

대화를 방해하는 10가지 말의 예

상황 혜연이는 잠잘 시간이 지난 밤 11시쯤 갑자기 학교에 가져가야 할 치약 생각이 나서 어머니에게 말했다.

혜연 엄마, 내일까지 학교에서 치약 가져오래요.

대화 1   넌 낮엔 텔레비전 보면서 놀기만 하더니 꼭 밤늦게 이

	야기해서 엄마를 힘들게 하더라. (비난)
대화 2	얘가 정신을 어디에 두고 다녀. 넌 뭘 까먹는 데는 아주 도사야, 도사. 그 머리로 무슨 공부하겠니. (욕하기)
대화 3	다음에 이렇게 늦게 이야기하면 아무것도 안 사줄 거야. (위협)
대화 4	그런 얘긴 미리미리 해. 꼭 잠잘 시간에 이야기하지 말고. (명령)
대화 5	학교에서 돌아오면 숙제하고 숙제 끝나면 준비물을 챙겨야지. 밤이 되면 상점 문이 닫힐 생각도 하고, 그걸 사 올 엄마 생각도 해야지. (훈계)
대화 6	준비물도 혼자서 미리 챙기지 못하면 학교 가지 마! (경고)
대화 7	왜 잊어 버렸어? 왜? 텔레비전에 빠지면 준비물 같은 건 다 잊어버리는 거야. 아니면 엄마가 밤늦게 치약 사러 갔다가 납치라도 되길 바라는 거야? (질문·탐색)
대화 8	승태는 학교에서 오자마자 준비물부터 챙기는데 너도 동생 좀 닮아 봐라. (비교)
대화 9	선생님께서 준비물을 밝을 때 이야기하면 안 된다고 하셨지. 잠옷 다 갈아입은 다음에 하라고 하셨구나. 새벽 2시에 이야기하라고 하지 않으시던? (빈정거림)
대화 10	이런 식으로 해 봐라. 뻔하다 뻔해. 이 담에 시집가서 쫓겨나기 딱 알맞지. (예언)

어떤 이는 의사소통이 잘 안 되는 이유를 의사소통에 방해가 되는 걸림돌 언어를 사용하기 때문이라고 한다(Gordon &

Gordon, 1976). 의사소통 걸림돌이란 자녀가 고통을 받고 있거나 좌절하거나 두려워하거나 당황하거나 즐거워하지 않거나 혹은 자녀의 욕구가 실현되지 못하였다고 느낄 때에 부모가 자녀에게 보이는 부정적인 언어적 반응을 뜻한다. 14세 소녀가 학교의 일과 과제로 인한 문제를 부모에게 다음의 (1)과 같이 이야기할 경우 부모가 사용하는, 의사소통을 방해하는 12가지 걸림돌 언어(roadblocks)는 다음의 (2)와 같다.

(1) 저는 숙제를 차분히 끝낼 수가 없어요. 숙제도 싫고 학교도 싫어요. 숙제를 한다는 것은 아주 지겨운 일이에요. 인생살이에 필요한 것은 하나도 가르쳐 주지 않고 쓸데없는 것들만 가르쳐 주어요. 나이가 차면 학교를 그만두겠어요. 이 세상에서 남보다 앞서가기 위해서 반드시 학교를 다닐 필요가 없다고 생각하니까요.

(2) 의사소통의 걸림돌
- 명령, 지배, 강요
  "너는 학교를 그만두려고 하지만 나는 허용하지 않겠어."
- 경고, 위협
  "학교를 그만두면 내게서 경제적 도움을 기대하지 않는 게 좋을 거다."
- 설교, 훈계

"배움이라는 것은 모든 사람에게 가장 가치 있는 경험이 되는
거란다."
• 충고, 해결책 제시
"숙제를 할 적에 계획을 세워서 해 보는 게 어떻겠니?"
• 강의, 가르침, 사실 제공
"대학 졸업생은 고등학교 졸업생보다 수입이 두 배나 더 된단다."
• 판단, 비판, 비난
"너는 안목이 좁고 사고하는 것도 아직 미성숙하구나."
• 칭찬, 부추김
"너는 많은 잠재력을 지닌 훌륭한 학생이란다."
• 욕하기, 비웃기
"너는 마치 깡패처럼 말하는구나."
• 해석, 분석
"넌 노력하는 것이 싫어서 학교를 좋아하지 않는 것 같나."
• 안심시키기, 동정, 달래기
"네가 어떻게 느끼는지 안다. 상급생이 되면 좀 괜찮아질 것이다."
• 질문, 탐색, 심문
"교육도 받지 않고 무엇을 할 수 있겠니? 어떻게 살아가려고
하는 거니?"
• 회피, 전환, 분산
"식사 때에는 문젯거리를 말하지 말자! 요사이 야구 연습은 어
떻게 되어 가고 있지?"

위에 제시된 걸림돌 언어가 자녀에게 다음과 같은 영향을

줄 수 있다(Gordon & Gordon, 1976).

- 자녀가 더 이상 말을 하지 않게 만든다.
- 자녀를 방어적으로 만든다.
- 자녀가 논쟁하려 하고 반격하게 된다.
- 자녀가 무능하고 열등하다고 느끼게 된다.
- 자녀를 화나고 분개하도록 만든다.
- 자녀로 하여금 있는 그대로 수용될 수 없다고 느끼게 한다.
- 자녀가 자신의 문제를 해결할 능력에 대해 불신 받고 있다고 생각하게 된다.
- 자녀가 이해 받지 못하고 있다고 느끼게 된다.
- 자녀가 자기의 감정은 정당화될 수 없다고 느끼게 된다.
- 자녀가 방해받거나 거절당했다고 느끼게 한다.
- 자녀로 하여금 좌절하게 한다.

부모와 자녀 관계가 천륜의 관계이고, 불가분의 관계라고 하여도 위와 같은 걸림돌 언어, 파괴적인 언어, 부정적인 말을 주고받게 되면 쌍방이 다 상처를 받게 된다. 하지만 걸림돌 언어가 문제가 되지 않을 경우도 있는데, 그 경우는 부모와 자녀가 모두 문제를 소유하지 않는 경우, 부모와 자녀가 열린 대화법을 구사하는 경우, 부모와 자녀가 순기능적 대화를 구사하는 경우 등은 문제가 되지 않는다.

대화의 걸림돌 벗어나기

의사소통에 걸림돌로 작용하는 대화의 의미와 형식에 따라 여러 가지로 나뉜다. 어떤 이는 부모와 자녀 간에 단절과 갈등을 불러오는 걸림돌 대화 유형에는 여덟 가지가 있다고 한다(박필, 2004 : 48~62). 즉 ① 벙어리형, ② 이중 대화형, ③ 동문서답형, ④ 스쿼시(squash)형, ⑤ 자기 생각형, ⑥ 잔소리형, ⑦ 비판형, ⑧ 예스형 등 여덟 가지 유형이 그것이다.

벙어리형

이 유형의 사람은 자기의 모든 감정, 생각 등을 마음속에 묻어 두기만 하니까 답답해지고 예민해진다. 가족이나 주위 사람들은 그 사람의 생각과 심리 상태를 알지 못하니까 결국 이 유형의 사람과는 커뮤니케이션이 잘 되질 않는다. 이 유형의 사람은 커뮤니케이션이 안 되니까 점점 더 인간관계가 이상해지고, 갈등의 골이 깊어지게 된다. 이 유형의 사람은 벙어리 냉가슴 앓듯 한다는 말이 있듯이 혼자서 냉가슴을 앓다가 결국 어떤 계기가 주어지면 폭발하거나 스스로 병이 들고 만다.

이 유형의 사람은 자기의 생각과 감정을 적극적으로 표현하는 방법을 훈련하여야 한다.

이중 대화형

이 유형의 사람은 마음속의 생각과 다른 말을 한다. 이 유형의 사람은 마음속에 품고 있는 말과 다른 말을 하면서 상대가 자기의 마음을 알아주기를 바란다. 이 유형의 사람은 항상 긴장 관계, 갈등 관계를 만든다.

이 유형의 사람은 마음속의 생각을 사실 그대로 표현하는 방법을 훈련하여야 한다.

동문서답형

묻는 말에 항상 엉뚱한 답변을 제시하는 사람이 있다. 그런가 하면 대화 주제와 다른 말을 하는 사람이 있다. 상대는 날씨 이야기를 하는데 취미 이야기를 한다. 이럴 때 대화가 자꾸 막히고 짜증스러워진다. 그것은 상대의 말을 듣는 습관이 잘 안 되어 있기 때문에 그렇다.

이런 유형의 사람은 상대가 말을 할 때 집중해서 잘 듣고 응대를 하는 습관을 길러야 한다.

스쿼시형

스쿼시(squash)형은 상대가 하는 말이 불편하게 들릴 때 너그럽게 수용하지 못하고 스쿼시 공처럼 강하게 받아치고 나오는 유형이다. 이 유형의 사람은 상대가 걸림돌 언어를 사용하고 나오면 더 강력한 걸림돌 언어로 되받아치는 유형이다.

이 유형의 사람은 상대에게 양보하는 방법, 일부러 져 주는 방법을 배우고 익혀야 한다.

자기 생각형

이 유형의 사람은 항상 자기 생각만이 옳다고 믿고, 자기와 생각이 다른 사람의 말은 받아들이지 않는다. 이 유형의 사람은 상사의 지시도 귀에 들어오지 않는다. 주위 사람의 권면도 귀에 들어오지 않는다. 가족의 말도 귀에 들어올 틈이 없다. 오로지 자기의 생각만이 중요하고, 또한 옳다고 맹신하는 사람이다. 그러기에 문제가 생기는 것이다. 지나칠 정도로 이기적인 사람, 고집이 센 사람이 바로 이 유형의 사람이다.

이 유형의 사람은 먼저 상대의 말을 들을 줄 알아야 한다. 말하기보다 남의 말을 정성껏 듣는 습관을 길러야한다.

잔소리형

끊임없이 잔소리를 쏟아 내는 부모를 두고 있는 자녀들은 아예 귀를 막고 있다. 그들은 내심 다음과 같이 말한다.

"지겹다, 지겨워."

어머니 중에서 이 유형에 속하는 이가 많다. 잔소리로 자녀들이 변하지 않는데도 불구하고 잔소리를 한다. 사실 사람들은 누군가가 잔소리를 한다고 해서 변하지는 않는다. 오히려 잔소리를 하면 할수록 더 반감을 가지게 되고, 스트레스만 더 받게 된다. 물론 사람이 살다 보면 잔소리를 할 수밖에 없는 상황도 있긴 하지만 사실은 자신의 문제 때문에 잔소리를 할 때가 많다. 잔소리는 자꾸만 서로의 관계를 멀어지게 하고, 자신을 더욱 깊은 수렁으로 빠뜨리게 할 뿐 결국 아무것도 바꾸지 못한다. 그러므로 이 유형의 사람은 자기가 잔소리하는 원인을 찾아보고 그 문제를 지혜롭게 풀어 나갈 필요가 있다.

비판형

사회는 비판이 있어야 발전을 하지만 가정에 비판이 있으면 그 가정은 전쟁터로 변하고 만다. 가정은 무엇이든지 이해되고 용납되고 수용되는 곳이어야 한다. 가정은 모든 긴장을 풀고 두 다리를 쭉 뻗을 수 있는 곳이어야 한다.

비판적 시각이 강하면 피곤한 삶을 살게 된다. 자신뿐 아니라 가족 모두가 거친 광야에서 살아가게 된다. 따라서 인생을 행복하게 살아가고자 한다면 이 유형의 사람은 비판적 대화를 하지 않아야 한다.

예스형

자기의 주장, 자기의 의견은 없고, 항상 상대방의 주장이나 의견만이 옳다고 여기는 사람이 있다. 이른바 예스맨이 여기에 속한다. 이런 유형의 사람은 인간성이 매우 좋은 사람처럼 보이기도 하지만 사실은 자기뿐 아니라 여러 사람에게 피해를 주는 사람이다. 장미가 매력적인 이유는 아름다운 꽃과 가시를 함께 갖고 있기 때문이다.

대화란 서로의 생각과 느낌을 주고받는 행위인 것이다. 서로 다른 생각들을 주고받을 때 역동적인 커뮤니케이션이 성립되는 것이다. 그저 그냥 무조건 "예!"라고 표현하는 것은 커뮤니케이션의 단절인 것이다.

이런 유형의 사람은 긍정적으로 경청하고, 적극적으로 자기의 생각을 표현하는 습관을 길러야 한다.

부모와 자식 간 의사소통에 문제가 있다면 어떠한 태도로 의사소통을 하고 있는지 냉정하게 살펴보아야 한다. 부모가 걸림돌의 말을 하거나 걸림돌 유형의 대화 방법을 사용하여 말하면, 자녀의 말문을 막고 마음에 상처를 입히게 된다. 자녀를 행복하게 하려면 부모는 효과적인 대화법을 익혀 자녀와 대화를 하여야 한다.

자녀를 위한 부모의 대화 법칙

부모가 자녀와 대화를 나눌 때마다 자녀의 행복 지수를 높여 주는 부모의 대화법에는 다음과 같은 것들이 있다.

동등한 무게로 대화하기

부모의 입장에서 볼 때 자녀는 항상 불완전한 인격체로 보이게 마련이다. 그러나 자녀는 자기 자신이 좀 불완전한 인격체이긴 하지만 부모가 생각하는 것만큼 불완전한 인격체는 아니라고 생각한다. 따라서 부모가 자녀와 성공적인 대화를 나누기 위해서는 생각을 바꿔야 한다. 그래야만 자녀의 이견과 반대 의견 등을 수용할 수 있다. 부모가 자녀와 대화를 나눌 때 화가 나는 경우가 많은 이유는 부모가 자녀를 자신의 분신으로 생각하거나 자신의 지배권 안에 있어야 하는 존재로 생각하고 있기 때문일 경우가 많다. 따라서 부모가 자녀와 성공적인 대화를 나누기 위해서는 부모라는 우월적 지위를 과감하게 내려놓고, 자녀를 자기와 동등한 대화의 파트너로 믿고 인정해야 한다. 이것은 부모와 자녀 간의 성공적인 대화를 위한 기본적인 조건인 동시에 필수적인 조건이다. 부모가 자녀를 동등한 대화의 파트너로 인정하게 되면 자녀는 바람직하게 변화하고, 문제는 자동적으로 해결된다.

항상 개방형 대화법을 견지하라

부모가 자녀와 성공적인 대화를 나누기 위해서는 부모는 개방형 대화법을 사용하여야 한다. 개방형 대화법 즉 열린 대화법은 부모와 자녀 간의 상호작용에서 아무런 제한이나 억압도 받지 않고 자유롭게 사상이나 감정을 표현할 수 있도록 마음의 문과 대화의 문을 열어 놓아야 한다. 그렇지 않으면 자녀는 자신의 속내를 숨기거나 진의 아닌 의사 표시를 하는 경우가 많아진다. 또한 부모가 개방형 대화법을 견지하게 되면 걸림돌 언어가 걸림돌로서 기능하지 못하게 되는 법이다. 따라서 부모는 자녀와 대화할 때에 항상 개방형 대화법으로 대화를 하여야 자녀에게 상처를 주지 않고 자녀의 행복 지수를 높여 줄 수 있다.

항상 상생의 대화법을 견지하라

부모가 자녀와 대화를 나눌 때는 자녀도 살고 부모도 살 수 있는 대화법을 견지해야 한다. 부모와 자녀 간의 대화는 반드시 이겨야만 하는 무슨 전쟁도 아니고 무슨 게임도 아니다. 따라서 부모는 자녀와의 대화를 나눌 때 이기고자 하는 욕구를 버리고, 항상 너그러운 마음을 가지고 자녀의 의견을 경청하고 포용하고 양보함으로써 덕을 베풀어 주어야 한다. 부모로서의 우월적 지위나 권위, 자존심, 체면 따위를 무기로 삼아 일방적인 승리를 거두려고 노력하면 절대 안 된다. 부모가 그런 자세로 대화에 임하게 되면 자녀는 패배하지 않기 위해 거세게 반발하게 된다. 청년기 초기에 있는 청소년들은 반동 형성(reaction formation), 치환(displace-ment), 억압(oppression), 주지화(intellectualizaion), 금욕주의(asceticism) 등의 방어 기제(defense mechanism) 등을 빈번하게 사용한다(장휘숙, 1999 : 168~170). 이러한 방어 기제들 중에서 부모가 자녀와 대화를 할 적에 특히 유의할 것은 치환과 금욕주의를 제외한 반동 형성, 억압, 주지화 등이다. 반동 형성은 자신의 느낌이나 생각과 정반대로 표현하고 행동하는 방어 기제이다. 예를 들면 부모를 지극히 사랑하고 부모에게서 정서적 지원을 구하는 청년기의 자녀가 부모의 관심에 대해 적개심을 표현하고 반항하는 행위가 이것에 해당한다. 상당수의 부모는 아동기 적에 순종하였던 자녀가 사춘기에 접어들자 사사건건 부모에게 반항을 하면 부모는 그 자녀에게 폭언을 하거나 폭력을 행사한다. 그러면 그 자녀는 문제아가 될 확률이 높다. 사춘기에 있는 자녀를 둔 부모는 자녀가 특별한 이유 없이 부모에게 반항할 경우 사춘기 특성을 이해하고 너그러운 마음으로 자녀를 대하여야 한다(이주행, 2007 : 109~110). 이를 이해하지 못하면 대화가 끝난 후에 양쪽이 다 상처를 입고 괴로워하게 된다. 따라서 부모는 자녀와 대화할 때에는 항상 상생(相生)의 대화법을 견지하여야 한다.

항상 공감적 대화법을 견지하라

공감적 대화법이란 상대방의 말이나 입장에 적극 공감하려는 자세를 가지고 대화하는 방법이다. 부모와 자녀가 대화를 할 때 공감적 대화법을 구사하기 위해서는 먼저 공감적 경청을 하여야 한다. 공감적 경청은 자녀에게 부담을 주지 않고, 자녀의 마음을 열 수 있으며, 갈등 없이 자녀의 문제를 해결할 수 있는 방법이다. 공감적 경청의 대화를 할 때의 서법 표지는 대개 '-구나'가 사용된다. '-구나'라는 종결어미는 듣는 이의 부담을 줄여 주고 체면 손상을 막아 주는 정중어법 표지이다.

부모 중에서 상당수가 질책, 비난, 경고, 위협, 도덕적 훈시, 판단, 확신 등에 익숙하여 있다. 이로 말미암아 자녀가 부모와 대화하기를 꺼린다. 부모와 자녀 간에 의사소통이 잘 이루어지게 하려면 부모가 늘 공감적 경청을 하여야 한다. 부모가 공감적 경청을 하면 자녀도 공감적 경청을 하게 되는 법이다.

자녀	전 학교에 다니기가 싫어요. 요리 기술을 익혀 탁월한 요리사가 되고 싶어요.
부모	탁월한 요리사가 되고 싶어서 학교에 다니기가 싫은가 보구나.
자녀	네. 학교에선 요리하는 법을 전혀 배울 수가 없어요.
부모	너희 학교에선 요리하는 법을 전혀 가르치지 않아서 학교에 다니기가 싫은 모양이로구나.

위에서 부모는 자녀의 메시지를 판단하거나 비난하지 않고

공감적 경청으로 반응을 하였다. 이와 같이 공감적 경청을 하는 부모에게 자녀는 어떤 문제가 생겼을 때마다 꺼리지 않고 부모와 상의를 하게 된다.

'나-전달법'으로 대화하라

'나-전달법'은 자녀의 행동에 대해 부모 자신이 어떻게 느끼는지를 전달함으로써 부모의 입장이나 느낌을 알려 주는 방법이다. 또한 이 방법은 부모가 받아들이기 곤란한 자녀의 행동을 변화시키는 데 효과적이며, 부모와 자녀 관계에 건전한 영향을 준다. 반면에 '너-전달법'은 명령·경고·설교 등의 형태로서 자녀는 무엇을 해야만 하는가(해결책 제시), 또는 자녀에게 자신은 어떻게 나쁜 아이인가(비난 혹은 평가)라는 식의 해석을 하게 하는 경우가 많다. '너-전달법'은 성공적인 대화를 방해하는 걸림돌이 되는 대화법이다. 따라서 부모가 자녀와의 대화에서 성공적인 결과를 얻고자 한다면 '나-전달법'으로 대화를 하여야 한다.

항상 긍정적인 대화법을 사용하라

세상의 모든 부모들은 "유능한 자녀, 무능한 자녀는 없다.

다만 유능한 부모, 무능한 부모가 있을 뿐이다."라는 금언을 가슴에 새기고 자녀를 양육해야 한다. 아울러 성공한 자녀 뒤에는 항상 긍정적인 사고방식을 가지고 긍정적으로 말하는 부모가 있다는 사실을 알아야 한다.

- 너는 할 수 있다.
- 너는 하면 된다.
- 나는 너를 믿는다.
- 너는 반드시 성공할 것이다.

부모는 항상 위와 같이 긍정적으로 말하여야 한다. 부모가 부정적으로 말하는 언어적 습관에 젖어 있으면 그의 자녀는 패배주의적 사고방식을 가지고 성장하게 되고, 결국은 성공할 수 없는 인간이 되고 마는 법이다.

걸림돌 언어가 담긴 대화는 적극 피하라

걸림돌 언어가 담긴 대화는 적극 피해야 한다. 명령하는 말, 지시하는 말, 비난하는 말, 원망하는 말, 책임을 추궁하는 말, 소극적인 말 등은 결코 사용하면 안 된다. 그런 말을 들으면 기분 좋아 할 사람이 없고, 또한 그런 말은 그 어떤 문제도 해결하지 못한다. 걸림돌 언어는 부모와 자녀 사이의 대화에서도 전혀 도움이 안 되는 금기어이다.

지금까지 자녀들의 행복 지수를 높여 줄 수 있는 대화법에 대하여 살펴보았다. 그 내용을 요약하여 제시하면 다음과 같다.

- 자녀를 항상 대등한 대화의 파트너로 인정하라.
- 개방형 대화법을 견지하라.
- 상생의 대화법을 견지하라.
- 공감적 대화법을 견지하라.
- '나—전달법'으로 대화하라.
- 긍정적인 대화법을 사용하라.
- 걸림돌 언어가 담긴 대화는 적극 피하라.

부모는 자녀가 바람직한 인격을 가진 훌륭한 인간으로 성장할 수 있도록 도와줄 책임이 있다. 이 일을 잘 감당하기 위해서는 자녀의 발달 단계를 고려하고, 독립된 인격체로 소중하게 대하며 의사소통을 하여야 한다. 자녀의 삶과 생각, 감정을 수용하는 자세로 공감적 경청과 '나—전달법'으로 말하면 부모와 자녀는 정겨운 관계를 맺으며 행복을 키워 갈 수 있을 것이다.

04 시어머니와 며느리의 관계를 변화시키는 대화

결혼을 함으로써 새로운 가족 관계가 형성된다.
새로운 관계를 아름답게 맺으려면 서로 배려하는 마음이 있어야 한다.
배려하는 마음으로 자신의 마음을 전달하고,
상대방의 마음을 이해하여 준다면
딸 같은 며느리, 친정부모 같은 시부모의 관계를 만들 수 있을 것이다.

말 많은 며느리보다 말 없는 며느리가 더 밉다

아이를 어머니께 맡기고 직장에 다니는 한 여성이 퇴근을 하였다. 초인종 소리를 듣고 뛰쳐나가려는 아이에게 다음과 같이 말하였다면 아이를 돌보아 주는 사람은 누구일까?

"엄마 왔구나. 보고 싶었지? 자, 이제 엄마한테 가서 놀아라."
"엄마 왔구나. 근데 엄마 피곤해. 할머니하고 놀자."

아침부터 어머니와 떨어져 지낸 아이는 어머니가 몹시 그립다. 그것은 어머니도 같은 마음이지만 어머니는 직장에서 하루 종일 시달리고 막 퇴근한 직후라 지쳐 있다. 그런데 한 사람은 손자에게 얼른 그의 어머니에게 가라 하고, 다른 한 사람은 가지 못하게 한다.

"왜 이렇게 말하는 것이 다른 것일까?"

그것은 관계가 다르기 때문이다. 며느리와 시어머니, 딸과 친정어머니의 관계는 다를 수밖에 없다. 시어머니는 사랑하는 아들의 아내요, 그 아들이 낳은 소중한 손자의 어미라는 관점에서 며느리를 바라본다. 반면에 친정어머니는 눈에 넣어도 아프지 않은 소중한 내 딸이요, 그 딸이 낳은 손자인 것이다. 자연스레 시어머니는 손자를 먼저 생각하여 얼른 어머니에게 가라 하고, 친정어머니는 피곤한 딸을 먼저 생각하여 손자가 자기 어머니에게 가지 못하도록 가로막는 것이다.

친정어머니와 비교되어 시어머니의 말에 섭섭한 마음이 들었는가? 내 아이가 더 소중하게 생각되는 시어머니의 입장에서 바라보면 그 마음을 접을 수 있을 것이다. 시어머니가 친정어머니처럼 말하기를 바란다면 고부 간 관계가 친정어머니와 딸처럼 친밀한 관계가 될 때까지 기다릴 일이다. 아니면 시어머니에게 말하여 이해를 구하는 것이 현명하다.

"어머니, 오늘 회사에서 중요한 업무 보고가 있었어요. 하루 종일 신경을 쓰느라 완전히 녹초가 되었어요. 지금 아이와 놀고 싶지만 너무 지쳐서 아이한테 짜증을 낼까 봐 걱정돼요. 하루

'정말 쉬고 싶은데, 내가 힘든 것 안 보이시나? 아휴 힘들어서 직장 생활 못하겠다. 그만 두어야 하나?' 속으로 이런 생각을 하며 어두운 얼굴로 입을 내밀고 앉아 있다면 이해받지 못한다는 생각에 서글플 뿐이고, 시어머니는 시어머니대로 하루 종일 아이를 보아준 데 대한 감사는커녕, 불만스러워 보이는 며느리가 불편할 뿐이다.

'가장 불편한 며느리는 말을 하지 않는 며느리'라는 말이 있다. 이 말을 뒤집어 보면 '말을 많이 하는 며느리'가 더 편하다는 말이 된다. 하지만 아무렇게나 말을 해서는 관계가 좋아지기 어렵다. 결혼은 새롭게 관계를 맺는 일이다. 시부모와 며느리, 장인 장모와 사위의 관계는 결혼이란 절차를 통해서 인위적으로 가족 관계로 묶이는 것이다. 하지만 가족이라는 생각에서 아무렇게나 말을 해서는 안 된다. 다른 사람들에게는 절대로 하지 못할 말도 함부로 하여 상처를 주거나, 말을 안 해도 내 마음과 같이 다 이해하겠거니 하고 충분한 대화를 하지 않아서 오해를 사는 일이 생기기 때문이다.

표현하는 사랑이 아름답다

시어머니가 부산에 사는 딸네 집에 다니러 갔다. 해방감을 느낀 며느리는 얼른 외출 준비를 하였다. 그동안 만나지 못한 친구와 만나 수다도 떨고, 영화도 보았다. 아침 연속극도 즐기고, 느긋하게 차를 마시며 읽고 싶던 책도 실컷 읽었다. 갓 담근 고추장 독의 뚜껑을 열어 놓으라는 당부도, 시어머니가 돌보던 화분도 잊어버렸다. 그러다 '이제 어머님이 오실 때가 되었으니 오늘은 대청소도 하고 반찬거리도 사다가 음식도 만들어야지.' 하고 생각하고 있을 때, 초인종 소리가 났다. 궁금해 하며 나가 보니 시어머니가 온 것이 아닌가! 예정보다 일찍 온 것이다. 집안에 들어선 시어머니는 집안을 둘러보고 혀를 찼다.

시어머니는 야단을 치며 고추장의 곰팡이를 걷어 내고, 시
든 화분을 손보았다. 그동안 며느리는 풀이 죽은 채, 곁에서
어물어물 거들었다. 두 사람 모두 기분이 언짢았다. 하지만
며느리는 짐짓 용기를 내었다.

이 말을 들은 시어머니는 마음이 어땠을까? "으이구, 저런
철딱서니 없는 것 같으니라구….''라고 하면서도 야단치는 자
신을 원망하지 않고 자신의 자리를 인정하여 주는 며느리가

오히려 가깝게 느껴질 것이다.

머느리와 시어머니 사이는 의도적으로 사랑의 관계를 쌓아가야 한다. 하지만 사랑은 표현하지 않으면 전달되기 어렵다.

당신이 최고라는 메시지를 전달 받은 사람의 기분이 어떻겠는가! 어머니께 아이들의 말을 전하고 있지만 이 말 속에는 그래서 나도 참 좋았다, 고맙다는 말이 숨어 있다. 작은 것에도 칭찬과 감사를 표현함으로써 말 속에 담겨 있는 사랑이 전달되는 것이다.

명절날 8시간씩 걸려 시골에 내려온 며느리에게 건네는 한마디에 정이 묻어 있다. 이 말을 듣고 방에 가서 눕는 며느리는 없다. 하지만 시어머니의 배려에 눕지 않아도 피곤이 달아날 것이다. 이처럼 배려하는 말을 통해서도 사랑을 표현할 수 있다.

　사랑한다는 표현은 없지만 위의 말들에서 "당신을 좋아합니다."라고 하는 마음을 느낄 수 있다. 외출해서 돌아오며 내미는 따끈한 군고구마 한 봉지와 같은 자그마한 선물에서 "나는 당신을 특별하게 생각하고 있답니다."라는 메시지를 전달받는다. 목욕을 같이 하면서 등을 밀어 준다든지 어깨를 주물러 주는 것과 같은 신체적 접촉도 마찬가지이다. 함께 시간 보내기를 좋아하거나 상대방을 위해 무언가를 하여 주는 행위에서도 역시 사랑을 느낀다. 마음에서 우러나는 사랑이 바탕이 된 말은 "사랑한다"는 표현이 없어도 사랑을 전달한다.

관계를 회복시키는 사과

수년 전 며느리와 시어머니가 각각 쓴 수필집 "고부 일기"와 "붕어빵은 왜 사 왔니?" 등이 발행되어 화제가 된 적이 있었다. "고부 일기"는 며느리 입장에서, "붕어빵은 왜 사 왔니?"는 시어머니의 관점에서 쓴 가족 간의 소소한 일상에 대한 이야기들이다. 누구에게나 있을 법한 일들에 대해 며느리와 시어머니가 어떤 말들을 주고받았는지, 그때의 마음은 어떠했는지 진솔한 마음이 그대로 드러나 있어서 흥미롭다.

시어머니가 하루 종일 일꾼을 데리고 고추밭에 울타리를 쳐 놓았다. 사람들이 밭을 밟아 고춧대를 넘어뜨리는 것이 싫었기 때문이었다. 그랬더니 울타리 없는 동네에서 인심 사납다고 아들이 몽땅 뽑아 버렸다. 시어머니는 화가 나서 식음을 전폐하고 누웠다. 그러자 며느리가 슬그머니 와서 말을 했다.
"어머니, 잘못했어요. 화 푸세요."
"아니, 니가 뭐 잘못했다고 그러냐?"
"아니어요, 제가 안에서 잘못해서 그렇지요."
이 한마디 말에 시어머니는 마음이 풀려 아들 몫까지 용서해 버렸다.

누구나 "잘못했다"라는 말을 하기를 꺼린다. 하지만 시어머니는 "고부 일기"에서 며느리의 잘못했다는 말이 참으로 지혜롭게 느껴졌다고 말한다. 며느리가 남편의 잘못을 자신의 잘못으로 여기고 사과하는 말에서 시어머니는 아들이 자신의 뜻을 거역한 것에 대한 섭섭함을 잊을 수 있었다. 무뚝뚝한 아들이 얼른 잘못하였다고 빌면 좋았겠지만, 아들은 아들대로 화가 나 있는 상태다. 이때, 며느리가 잘못했다고 대신 빎으로써 화가 난 시어머니의 화를 풀어 주었다.

노여워하는 부모에게 잘못을 비는 것은 부모와 자식 간에 손해나는 일은 아닐 것이다. 입을 꾹 다물고 버티고 있으면서 더 야단맞는 것보다 얼른 '잘못했다'는 말을 함으로써 부모의 화를 풀고 용서를 받는 행동은 지혜롭다. 어떤 사람은 "왜 내가 크게 잘못한 것도 없는데 사과를 해야 하는가?” 하고 반문할지도 모른다. 하지만 부모 자식 간 마음을 상하게 하는 어떤 일이 일어났을 때 냉담하고 먼 관계로 갈 것인가, 아니면 화해의 친밀한 관계로 갈 것인가가 내가 하는 말 한마디에 달려 있다면 어떠한 길을 선택하겠는가?

연로한 시어머니를 모시고 사는 며느리가 시원한 수박을 썰어 내왔다. 수박을 드시라고 권하였더니 싫다는 대답이 돌아왔다. 며느리는 아무 생각 없이 자식들과 함께 다 먹어 버렸다. 그 모습을 본 시어머니의 안색이 심상치 않았다.

“원, 저렇게 본데없기는! 요즘 것들은 지 자식만 안다니까!”

혼잣말처럼 중얼거리곤 쾅 소리도 요란하게 문을 닫고 들어가신다. 며느리는 황당했다.

‘아니, 당신 입으로 안 드시겠다고 해 놓고는! 그리곤 이제 나를 아주 막돼먹은 며느리로 모시네.’

속이 부글부글 끓었다. 하지만 시어머니 입장에서 다시 생각하니 섭섭했을 거라는 생각이 스쳤다. 이대로 가만히 있자니 서로 서먹하고 답답한 채 며칠을 갈 것 같았다. 며느리는 방문을 살며시 열었다.

“어머니, 어른이 계시는데 저희끼리만 먹어서 섭섭하셨죠? 지난번에 이가 시려서 찬 것은 잘 못 드신다고 말씀하셨는데, 제가 생각을 못했어요. 다음엔 어머니도 드실 수 있도록 따로 준비할게요. 죄송해요.”

“아니다, 내가 먼저 먹지 않겠다고 해 놓고는 화를 냈구나.”

"그래도 제가 한 번 더 여쭈어 보았으면 좋았을 걸요."

"그래, 난 네가 빈 말이라도 한 번 더 권할 줄 알았다. 그리고 나는 차가운 것은 못 먹는데 내 생각은 안 해 주는 것 같아 서운했단다."

"그런데 그것도 모르고 저희끼리만 먹고 치웠으니 괘씸하셨죠? 제가 이렇게 둔해요. 어머니. 용서해 주세요."

"아니, 됐다. 말을 안 한 내가 잘못이지. 조그만 일로 괜히 내가 지나쳤구나."

무엇이 시어머니로 하여금 화를 풀게 하고 사과까지 하게 이끌어 내었을까? 때로는 잘못했다고 하는 데도 상대방이 진심으로 받아 주지 않을 수도 있다. 그럴 경우는 내 사과의 말이 상대방이 생각하는 사과의 말과 일치하지 않기 때문이다. 사람들은 각기 진실하게 받아들이는 사과의 유형이 있다.

"미안해요."는 유감 표명, "내가 잘못했어요."는 책임 인정, "어떻게 해 드리면 좋을까요?"는 보상, "다시는 그러지 않을게요."는 진실한 뉘우침. "나를 용서해 주시겠어요?"는 용서 요청의 말이다.

"미안해. 미안하다."라고 했는데도 상대방이 사과를 받아들이지 않는다면 상대방은 다른 사과의 말을 기대하고 있는 것이다. 나는 충분히 사과를 했다고 생각하지만, 상대방이 사과라고 느끼는 표현은 다를 수가 있는 것이다. 어떤 사람은 "미안해."라는 유감 표명과 함께 "다시는 안 그럴게."라는 진실한 뉘우침의 표현을 듣고 싶어 한다.

위의 대화에서 며느리가 한 사과를 살펴보자. 며느리는 먼저 섭섭했겠다고 시어머니의 마음을 이해하였다. 그리고 버릇없이 자기끼리만 먹었다고 자신의 잘못을 구체적으로 인정하였다. 죄송하다고 미안한 마음을 표현했고, 용서를 구하고, 앞으로는 먹을 수 있는 음식을 준비하겠다고 진실한 마음도 표현하였다. 이러한 말들이 시어머니의 마음을 풀어지게 하였다. 여러 가지 사과의 말을 한꺼번에 사용함으로써 시어머니는 며느리가 진심으로 사과를 했다고 받아들였음이 틀림없다. 시어머니의 마지막 말은 관계가 다시 회복되었음을 보여 준다.

'너'가 아니라 '나'를 전달한다

시어머니와 며느리 사이에 하고 싶은 말이 있으면 어떻게 할까? 친부모와 자식 간에도 솔직하게 말하기가 어려워 얼버무릴 때가 많다. 시어머니와 며느리 간에는 더욱 어려워서 하고 싶은 말을 솔직하게 하지 못하고 참거나, 짧게 말하기 쉽다. 이 말을 하면 상대방이 오해하는 것이 아닐까? 혹시 거절당하고 오히려 관계가 나빠지는 것은 아닐까? 염려가 되는 것은 사실이다. 하지만 때로는 솔직한 것이 도움이 되기도 한다.

가난한 집으로 시집을 오게 된 맏며느리. 예물로 받은 것이라곤 금반지 하나가 고작이었다. 그런데 며느리는 큰 불만이 없었다. 그때는 그것이 최선이었음을 알고 있었기 때문이었다. 가족들은 서로 아끼며 열심히 살았다. 형편이 나아졌을 때, 시동생이 결혼하게 되었다. 시어머니는 새며느리에게 줄 결혼반지로 다이아반지를 준비하였다. 맏며느리가 동서의 반지를 구경하고 있자니, 자신의 손가락에 있는 투박한 금반지가 못내 서러웠다.

"어머니, 저도 다이아반지 갖고 싶어요."

갑자기 튀어나온 말이었다. 펑펑 눈물이 쏟아졌다. 가난한 집에 와서 고생하며 지낸 세월이 생각났고, 동서만큼 대접받지 못한 자신이 초라하게 느껴졌다. 시어머니께 서운한 감정은 어쩔 수 없었다. 분위기가 썰렁해지는 것을 느꼈지만 이미 엎지른 물이었다. 참았어야 하는 건데 하는 후회가 스쳤다. 그때 등을 어루만지는 시어머니의 따뜻한 손길이 느껴졌다.

"내 생각이 짧았구나. 네 것도 사러 가자."

자신이 바라는 것을 솔직하게 표현하고, 오해 없이 그대로 이해된다면 얼마나 좋을까? 며느리는 자신이 원하는 것을 솔직하게 말하였고, 시어머니는 그런 며느리의 마음을 십분 이해하였다. 그러한 관계가 가능한 것은 그동안 함께 고생해 온 세월이 있었기 때문이었다. 하지만 오랜 세월을 같이 살아도 말하는 의도가 정확히 이해되지 않을 때가 많다. 듣는 사람은 자신이 가지고 있는 배경 지식을 바탕으로 자의적 해석을 하기 때

문이다. "붕어빵은 왜 사 왔니?"를 보면 다음과 같은 이야기가
나온다.

며느리는 선물을 자기 마음대로 하려고 간섭한 것이 아니었
다. 오히려 시어머니가 미처 생각하지 못한 것을 속 깊게 배
려한 것이었다. 며느리의 의도를 모른 채, 시어머니는 자의적
으로 해석하고 혼자 쓸데없는 감정을 낭비했다. 만일 시어머
니가 "왜 그러니?"라고 한 마디만 물었으면 혼자 해석하고 혼
자 괘씸해 하는 일은 없었을 것이다. 그러면 좋은 기분을 망
치지 않았을 것이고, 기특한 며느리로 인하여 더욱 기분이 좋

았을 것이다. 상대방의 의도가 무엇인지 불분명할 때, 또는 여러 가지로 해석될 때는 자의적으로 해석하지 말고 의도가 무엇인지 질문하는 것이 좋다.

며느리도 시어머니도 자기 마음을 다 말하고 살기는 어렵다. 눈치로 내 마음을 알아주었으면 하고 바라지만 전달되지 않을 때가 더 많다. 기대가 이루어지지 않으면 상대에 대한 서운한 마음이 생기기 마련이다. 하지만 상대방은 그걸 모르는 눈치다. 그냥 참고 넘어가자니 속이 부글부글 끓는다. 한 마디 해야지. 단단히 벼르게 된다.

하지만 내 감정대로 쏟아 붓고 나면 어떻게 될까?

"이 시대를 사는 따뜻한 부모들의 이야기"는 부모 역할 프로그램에 참여한 사람들이 일상생활에서 어떻게 대화로 문제 해결을 했는지 적용 사례들을 모아 놓은 책이다. 다음은 며느리에게 하고 싶은 말을 하고서도 관계가 좋아진 한 예이다.

　모처럼 동창들과 단풍 구경을 가기로 한 날이었다. 도시락을 싸서 기차 타고 가며 옛날 소풍 가던 기분을 내기로 하였기에 더욱 설레었다. 약속 시간에 늦지 않으려고 새벽부터 일어나 김밥을 싸느라 부산을 떨었지만 며느리는 나와 보지도 않는 것이었다. 며느리가 괘씸했다. 어떻게 시어미가 새벽부터 일어나서 부산을 떠는데도 아는 체도 하지 않을까! 시간은 촉박하고 마음이 급하니까 더더욱 속상하고 섭섭하였다. 아들에게까지 배신감이 들어, 내보내고 싶은 생각이 들었다. 다녀오면 아들며느리 꿇어앉히고 단단히 혼을 내야지. 아니 나가라고 내쫓아야 속이 시원할 것 같았다. 기차를 타고 가며 있었던 일을 친구에게 이야기하며 혼내는 연습까지 하였다. 친구는 열심히 들어 주었다. 실컷 이야기하고 나니 어느 정도 마음이 풀렸다. 친구가 물었다.
　"네가 말한 대로 야단 치고 시어머니 위신 세우고 난 다음 며느리 대하기가 어떨까?"
　"그야 뭐, 어쩐지 서먹서먹하고 잘못한 것 같고 떳떳하지 못한 기분이겠지."
　"그래, 그럼 며느리 입장에서 며느리 감정을 생각해 보면 어떻겠니?"
　"그 애는 더하겠지. 시어머니인 내가 밉기도 하고 원망스러울 거야."
　"애, 내가 교육 받은 방법으로 네 며느리에게 한 번 말해 보겠니?"
　"어떻게?"
　"이러이러한 점은 참 좋다. 늘 고맙게 생각하고 있다. 그런데 단풍 구경 가던 날 아침은 김밥 싸느라 허둥댔다. 내가 늦게 가면 친구도 같이 늦어지고 서울에 도착해서 친구들이 떠나 버렸으면 어떡하나 초조했다. 난 네가 도와 줄 거라고 기대했는데 다 준비하고 나갈 때도 잘 다녀오라는 인사 한마디 없어서 무척 섭섭했다. 네가 나를 무시하는 게 아닌가 하는 생각까지 들어 괘씸하기도 했다고 말해 보면 어때?"

시어머니는 친구의 말대로 며느리에게 말을 했다. 그랬더니 며느리는 기분 좋게 웃으며 받아들였다

"어머니 죄송해요. 저를 깨우시지 그러셨어요?"

다음에 내장산에 가는 일이 생기자 며느리는 일찍 일어나 도시락을 정성껏 싸고, 시어머니에게 잘 다녀오시라고 인사를 하면서 봉투까지 쥐어 주었다.

며느리에게 삼성이 생기는 대로 퍼부었으면 어떻게 되었을까? 말할 당시에는 속이 시원한 것 같지만 감정의 골은 깊어지고, 관계가 서먹해질 것은 당연하다. 다음에 그런 일이 생길 때 며느리가 일어나서 김밥은 쌀지 모르지만, 즐거운 마음으로 정성을 쏟지는 못할 것이다. 하지만 시어머니가 "이러이러한 점은 고맙다. 그런데 이러이러하게 행동해서 나는 이러이러한 생각이 들었다." 하고 '나—전달법'으로 마음을 전달한다. '나—전달법'은 세 부분으로 나뉜다.

난 네가 도와 줄 거라고 기대했는데 다 준비하고 나갈 때도 잘 다녀오라는 인사 한마디 없어서(관찰된 행동) ＋ 무척 섭섭했다.(내가 느끼는 감정) 네가 나를 무시하는 게 아닌가 하는 생각까지 들어(내게 미친 영향) ＋ 괘씸하기도 했다.(감정)

며느리는 '아, 그때 그런 생각이 드셨구나. 그러신 줄 몰랐네. 다음엔 그런 마음 안 드시게 잘해 드려야지' 하는 생각이 들었을 것이다. 비난 받는다는 느낌 없이 나의 행동이 어머니께 어떤 영향을 주었는지 알게 되어 상대방의 마음을 이해할 수 있었고 상대방의 바람에 자발적으로 응하려는 마음이 들었던 것이다.

만일 시어머니가 이렇게 말하면 며느리는 어떤 기분이 들었을까?

너는 도대체 어떻게 된 아이가 시어머니가 나가는데도 나와 보지도 않니?(비난) 우리 때는 그런 태도는 있을 수 없는 일이었다.(비교) 아침에 일찍 일어나 밥은 못 할망정(설교) 코빼기도 안 보여?(비난) 시어미를 우습게 보니까 그렇지!(분석) 그런 며느리하곤 같이 살 수 없다. 나가거라.(위협)

'나'를 중심으로 이야기하는 것이 아니라 '너'를 중심으로 이야기하고 있다. 비난과 훈계, 명령, 설교, 위협은 상대방의 마음을 닫게 하는 말이다. 이것을 대화의 걸림돌이라고 하는데, 이외에도 논리 들이대기, 비판하기, 분석하기, 안심시키기, 빈정거리기 등이 있다. 이러한 말들을 들으면 반성을 하기보다는 마음속으로 시어머니를 원망하는 말을 꿍얼거릴 가능성이 크다.

시어머니와 며느리 간에 무언가 불만 사항이 있거나 자신의 요구를 이야기 하고 싶을 때가 있다. 그럴 때 상대방을 비난하는 말로써는 원하는 것을 얻기 어렵다. 방어적이 되어 상대방의 비난을 수용하기 어려울뿐더러 상대방이 원하는 것이 무엇인지 알아채기 어렵다. 또 알아챈다 하더라도 자발적으로 협조하고 싶은 마음이 들지 않는다. '나—전달법'은 상대방의 행동을 비난하지 않고 나의 마음을 진실하게 드러낸다. 상대방은 자신이 비난받지 않기 때문에 방어적이 되지 않고 상대방의 욕구에 귀를 기울이게 된다. 상대방이 나의 도움을 필요로 하고 있다는 것을 깨달으면 자발적으로 도우려는 마음이 생길 가능성이 커진다. 이야기하고 나서 어색함과 감정이 남아 있지 않고, 관계가 개선되길 바란다면 걸림돌 말을 빼고 '나—전달법'으로 이야기하는 것이 효과적이다.

공감하고 이해한다

맞벌이 부부인 둘째네는 시댁 가까이 살며 초등학교 1학년인 아들의 양육에 대해 시부모님의 도움을 받고 있다. 학교에서 돌아오면 부모가 돌아오기까지 오후 시간을 학원에도 보내고, 저녁도 먹이며 돌보아 주는 방식이었다. 그런데, 하루는 아이가 할머니 집에 있는 저금통에서 동전을 꺼내는 것을 보았다. 할머니가 손주를 타이르자 손주는 눈물을 흘리며 다시는 이런 일을 하지 않겠다고 약속하였다. 시어머니는 아이 때에 흔히 있을 수 있는 일이라 여겨 아들 며느리에게 알리지 않았다. 그런데 한 달 후, 아이가 자기 집 저금통에서 큰돈을 꺼내 친구들과 함께 쓴 일이 발생하였다. 하교 후,

친구랑 자기 집에서 놀겠다고 하는 손주와 함께 집에 갔었던 날 저지른 모양이었다. 돈이 있는 것을 이상하게 여긴 친구 부모가 아이를 추궁하여 그 사실을 며느리에게 알려 주었다. 며느리는 화가 나서 아이를 회초리로 때리고는 시어머니에게도 전화를 하였다. "어머니, 그때 왜 알려 주시지 않았어요? 알려 주셨으면 이런 일 없었잖아요.?"라고.

시어머니는 며느리의 말을 듣자 몹시 화가 났다. 맏며느리를 붙잡고 자초지종을 이야기하며 억울해 했다. 한 말을 또 하고 또 하며, 과거에 서운했던 일까지 거론하며 며느리를 괘씸해 했다. 맏며느리는 이야기를 들으며 시어머니의 편을 들 수도, 동서 편을 들 수도 없었다. 며느리는 먼저 화가 난 시어머니의 마음을 공감하였다.

"어머니, 아이를 봐주시느라 고생하시는데도 민수가 잘못한 것이 어머니 책임인 것처럼 비난을 받아 속상하셨겠어요."
"아니, 500원짜리 꺼내 쓴 걸 알리면 또 애를 잡을 거 같아서 이야기 안 했지."
"동서가 민수를 잘 때리나 봐요."
"그래, 아버님 있는 앞에서도 소리 지르고 민수 때리는 때가 있어. 그리고 옛날 찬이네(먼 친척) 보니까 시어머니가 맨날 며느리가 퇴근하기만 하면 아이가 잘못한 것을 다 이르더라고. 그러면 며느리는 속상해서 아이를 매일 때리고. 그러더니 지금 찬이가 아직도 지 엄마하고 사이가 안 좋잖아. 지금도 지 엄마를 원망하더라고.”

“예에. 민수가 그 일로 또 제 엄마한테 맞는 것이 싫으셨군요. 그리고 사소한 일까지 이야기해서 찬이네처럼 부모와 자식 간 관계가 나빠질까 봐 걱정하셨구요.”

“내가 이야기했다고. 집에 있는 저금통 치워라, 치워라. 큰돈은 은행에 넣으라고 내가 몇 번을 말했는데도 말을 안 듣더라고.”

“어머님은 민수가 또 그러지 못하도록 이야기를 하셨는데 동서네가 말을 안 들었군요.”

“민수가 나하고 약속했어. 그리고 여기서는 그런 일이 없었는데, 집에서 그러다니.”

“많이 속상하시죠? 민수가 바르게 자라기를 바라면서 정성껏 돌보셨는데 이런 일이 벌어져서요.”

“저녁에 늦게까지 안 데려갈 때도 많아. 그런 날은 진이 빠져.”

“어머님이 늦게까지 돌봐주시는데 그런 것도 몰라주고 어머님을 원망해서 억울하셨겠어요.”

“……”

“민수 엄마한테 제가 이야기 좀 할까요?”

“놔 둬. 저도 속상해서 그랬겠지.”

맏며느리는 반영적 경청으로 시어머니나 동서 어느 한쪽을 편들거나 비난하지 않고도 이야기를 들어 줄 수 있었다. 시어머니는 비로소 마음이 누그러져 며느리의 입장을 이해하려고 하였다. 감정의 홍수 상태에서 벗어나 마음이 편안해졌기 때문이다. 사람이 감정의 홍수 상태에 있으면 이성적 사고가 마비된다. 화가 나거나 흥분한 상태에서 해서는 안 될 말을 하거나, 안 될 행동을 해서 나중에 후회하는 경우가 종종 생기는 것은 그 때문이다. 이때는 상대방의 마음을 헤아려 주어 감정의 홍수 상태에서 벗어나도록 도와주어야 한다.

반영적 경청은 "아, 예. 그랬군요."라는 단순한 경청에서 한 걸음 더 나아간다. "동서가 잘못했네요."라거나 "어머니가 참으세요."라는 식으로 자신의 판단이나 충고로 대화에 끼어들지 않는다. 다만 상대방의 생각과 감정에만 반응을 보인다. "…하는 것이 싫으셨군요.", "…할까 봐 걱정하셨군요."라고 말하는 사람의 말에 내포되어 있는 감정이나 생각을 듣는 이의 말로 요약 확인하는 것이다. 또 "부모와 자식 사이가 나빠질까 봐….", "정성껏 돌보셨는데."라는 식으로 상대방의 말을 다른 말로 쉽게 옮김으로써 "예, 나는 이해합니다. 그래서요?"라는 메시지를 주어 계속 말하기를 권유한다. 그렇게 함으로써 혼돈된 생각을 정리하도록 도와준다. 그러면 자신이 가진 문제를 스스로 해결할 수 있는 이성적인 상태가 되는 것이다. 이것이 반영적 경청이 가지는 위력이다.

칭찬은 진정으로 한다

명절은 며느리들에게 두통거리다. 음식 장만에, 손님 접대에 명절 며칠 전부터 허리가 휜다. 친척들이 와서 음식을 먹으며 한마디씩 위로나 칭찬의 말을 한다.

"아유, 이렇게 고생해서 어떡해. 힘들지?"
"음식이 맛있어요. 시어머니 솜씨를 닮아 그런가 봐."

"예, 뭘요, 에. 감사합니다."라고 대답은 하지만 가슴에 와 닿지 않는다. 그런 칭찬을 안 듣고, 명절이 없는 것이 더 낫다는 생각이 드는 것이 솔직한 심정이다. 그런데 시아버지의 점잖은 목소리에 그만 가슴이 따뜻해진다.

"애썼다. 음식이 간도 맞고 모양도 있구나. 맛있는 음식을 먹으니까 기분이 좋아진다. 찾아오는 친척들에게 웃는 낯으로 정성들여 대접해 주어 마음이 흐뭇하구나."

시아버지의 말은 진정으로 칭찬한다는 느낌이 든다. 구체적으로 칭찬하는 내용이 언급되어 있기 때문이다. 칭찬은 다소 수다스럽다 생각해도 "본 것+느낀 것+칭찬 받을 만한 행동 요약"의 세 부분으로 말하는 것이 좋다.

음식이 간도 맞고 모양도 있구나.(본 대로 표현)
맛있는 음식을 먹으니까 기분이 좋아진다.(느낀 대로 표현)
찾아오는 친척들에게 웃는 낯으로 정성들여 대접해 주어 마음이 흐뭇하구나.(칭찬받을 만한 행동 요약)

시아버지는 상대방이 어떤 점을 고마워하는지, 내가 한 행동이 그 사람에게 어떤 기쁨을 주었는지 알 수 있게 한다. 그렇게 함으로써 상대방이 누리는 기쁨을 같이 누리며 함께 즐거워하는 것이다.

어떤 이는 칭찬이 자칫 삶을 소외시킬 수 있다고 경고한다.

아무리 긍정적이라도 형식적인 감사 표현은 다른 사람에 대한 판단이 숨어 있다. 자신의 마음은 드러내지 않고 재판관의 자리에 앉는 것이기 때문이다. 더욱이 칭찬과 감사 표현 뒤에 무언가 얻어 내려는 것임을 눈치 채게 된다면 칭찬과 감사의 의미는 더욱 퇴색된다.

며느리는 의도하지 않았지만 판단을 하고 있다. 순수한 뜻에서 한 말이라면 기쁘겠지만 그렇게 해서 된장을 계속 얻어 먹고 싶다는 숨은 의도가 감지되면 칭찬의 진정한 아름다운 의미가 깨진다.

칭찬이나 감사는 꼭 길게 표현해야 하는 것은 아니다. 때로는 행동으로 표현될 수도 있다. 며느리가 사 준 옷을 즐겨 입는다든지, 시어머니가 준 음식이 벌써 다 먹고 없다는 보고는 당신의 행동이 내게 기쁨이 되었다는 것을 알게 하여 준다. 그러나 진실한 마음을 담아서 하는 칭찬과 감사가 있으면 더욱 행복하게 될 것이다. 가족 간에 감사를 표현하는 일은 쑥스럽게 생각할 수 있다. 하지만 누구든지 내가 한 일에 대해 감사를 듣고 싶은 마음이 있기 때문에 가족 간에도 감사를 표현하는 일은 중요하다. 나의 수고를 알아주길 바라는 것은 대가를 바라서가 아니라, 나의 수고가 상대방에게 어떤 기쁨을 주었는지 알게 됨으로써 받는 사람과 주는 사람이 같은 기쁨을 누리기 위해서이다. 삶이 더욱 행복해지려면 감사를 진실하게 표현할 일이다.

동의는 시어머니를 무장 해제 시킨다

"**때**리는 시어미보다 말리는 시누이가 더 밉다."는 속담이 있다. 차라리 시어머니에게 야단을 맞는 것이 낫지, 시아버지나 시누이에게서 이래라저래라 하는 말을 듣는 것은 더 기분이 상하는 일이 되기 쉽다. 잘못을 지적받고 무언가를 요구받으면 방어적이 된다. 지적하는 쪽이나 듣는 쪽이나 다 감정이 상하는 것을 막으려면 어떻게 하면 좋을까?

시어머니가 허리가 아픈 상태에서 아이를 보아 주느라고 힘들어 하는 것을 본 시아버지는 며느리에게 넌지시 말을 건넸다.

"너희 어머니가 요즘 힘드신가 보다. 밤마다 끙끙 앓는 소리를 며느리는 시아버지의 그 한마디에 벌써 알아차린다. 어머니가 어디 편찮으신지 살피고 해결 방법을 생각해 본다. 역정을 내거나 여러 차례 이야기하여 서로 언짢아 지는 일을 피하는 지혜이다. 때로는 무엇을 말하는지 몰라 지적받는 내용이 황당하게 느껴질 수도 있다.

“너는 집안일에 대해 도대체 관심이 없구나.”

시어머니의 말이 부당하게 느껴진다. 가족들 생일도 내가 챙기고, 건강도 내가 챙겨서 건강 검진도 받게 하여 주었는데 관심이 없다니 화가 난다. 하지만 이럴 때 화를 내기보다 시어머니의 말을 이해하려고 노력해야 한다.

비난을 받을 때 어떤 이는 다음의 두 가지 방법으로 대처할 것을 제안하고 있다(Adler, 1977).

- 비난받을 때 더 많은 정보를 구하라
  □ 구체적인 내용 물어 보기
  □ 구체적인 내용에 대해 추측하기

□ 말을 바꾸어 말하는 이의 생각을 쉽게 설명하기
□ 자신의 행동 결과에 대해 물어 보기

● 비난받을 때 말하는 이에게 동의하라
□ 진실에 동의하기
□ 가능성에 동의하기
□ 원칙에 동의하기
□ 비난자의 인식에 동의하기

상대방을 비난하는 그 이면에는 내가 바라는 욕구가 숨어 있기 때문일 경우가 많으므로, 정확히 무엇을 원하고 있는 것인지 말하는 사람으로부터 정보를 구할 필요가 있다. "제가 집안일을 소홀히 하고 있나 봐요. 어떤 일을 안 하고 있는지 가르쳐 주세요." 하지만 화난 시어머니가 "아니, 그것을 내가 말로 해야 하니? 네가 생각해 봐라." 하고 구체적 정보를 주지 않을 수도 있다. 그럴 때는 말을 바꾸어 말하는 이의 생각을 쉽게 설명하도록 한다. 집안일이란 것이 너무 광범위하고 추상적인 일이므로 알기 쉽게 바꾸어 말해 본다. "할 일을 제대로 하지 않아서 화가 나셨어요?" 또는 "제가 아가씨 일에 모르는 척해서 섭섭하세요?"라고 내가 이해한 말로 확인하여 보거나, 화난 이유를 추측하여 더 많은 정보를 구하여 상대방의 정확한 의도를 알아내는 것이 필요하다. 그러면 뜻밖에도 시어머니의 비난이 단지 어제 사다 놓은 야채를 빨리 손질하지 않아 시드는 것이 속상해서 한 말이었음을 알게 될 수도 있다.

그런데 이렇게 물어 보는 것이 시부모에게 불손하게 보일 수 있다. 목소리의 어조, 표정, 마음가짐, 그 밖에 비언어적 단서들로 말미암아 상황을 더 악화시킬 수 있다. 따라서 진정으로 더 많은 것을 알고 싶을 때만 정보를 구하는 것이 좋다.

시부모에게 비난을 받을 때 말하는 이에게 동의하기 방법은 매우 효과적이다. 상대방의 공격에 방어적으로 나아가 불을 당기는 것과는 반대로 동의하기 방법은 상대방을 무장 해제를 시킨다. 어떤 이는 그렇지 않다고 믿으면서 거짓을 말하라는 것이냐고 묻는 사람이 있을 것이다. 동의하기 방법은 거짓을 말하라는 것이 아니다. 실제로 자신이 집안일에 관심을 쏟지 못했다고 인정이 될 경우는 솔직하게 인정한다. "예, 어머니. 제가 요즘 집안일에 소홀했어요. 죄송해요." 잘못을 인정하는 데 더 심하게 나무랄 사람은 없을 것이다. 만약 시어머니가 "어미가 집안일에 소홀하면 가족들이 밖으로 나도는 법이야." 라고 말을 이은다면 그 가능성이나 원칙에 대해 동의할 수 있다. "예, 그럴 수도 있겠네요.", "예, 아내나 어머니의 존재가 중요하다고 생각해요." 이것은 당신이 옳고 나는 그르다고 거짓을 말하는 것이 아니라 옳은 부분을 인정해 주는 것이다. 비난의 근거에 동의하지 못할 경우에도 "제가 늦게 들어와서 아이들을 챙기지 못할 때, 집안일에 관심이 없다는 생각이 드실 거예요." 하고 시어머니의 결론이 아니라 사고방식에 동의를 할 수 있다.

비난의 말을 들을 때 동의하고 질문해서 분위기를 긍정적이고 협조적으로 바꾼다면 상대방이 진정으로 원하는 것이 무엇인지 알 수 있어서 적대적인 말들을 이해하고 인정하고 들을 수 있게 한다. 일단 시어머니를 이해하면 좋은 입장에서 자신을 잘 설명하게 될 것이다. 또 잘 듣고 나면 자신이 몰랐던 부분에 대한 것을 알 수 있게 되므로 나쁠 것은 없다.

사랑의 말은 거리를 좁힌다

"어머니, 싸랑해요. 제가 어머니 사랑하는 것
아시죠?"

며느리는 지금 기분이 좋다. 서울에 올라와 십여 년 고생
끝에 번듯한 집을 마련한 것이다. 기분 좋은 김에 남편과 술
한 잔 마셨더니 정신이 해롱거린다. 전화기를 붙잡고 시골에
서 농사짓는 시부모에게 전화를 걸어 술 취한 목소리로 주정
아닌 주정을 부렸다.

그 시부모는 어떤 반응을 보였을까? 며느리가 술주정한다고
못마땅해 하며 혀를 찼다는 소리는 듣지 못했다. 그 시부모의
반응은 "그래, 그래. 정수 어미야. 나도 안다."였다. 그리고

눈물을 흘리며 좋아하셨다.

우리나라에는 시어머니와 며느리 관계에 대한 속담이 많다. 그런데 하나같이 부정적인 내용의 것이다. 스페인에서도 "시어머니는 설탕으로 만들어도 쓰디쓰다."는 속담이 있는 것을 보면 어디서나 시어머니와 며느리 관계는 어려운 관계인 모양이다.

이러한 어려운 관계를 아름다운 관계로 변화시킬 수 있는 것이 대화이다. 그런데 대화의 바탕에는 상대방을 이해하려는 역지사지(易地思之)의 마음이 있어야 한다. 사랑이 전제가 되어야 한다. 위의 예에서 시부모에게 술주정처럼 한 말도 용서가 되고 오히려 감동을 준 것은 사랑의 마음이 전달되었기 때문이다. 시어머니와 며느리 간에 공감과 배려의 마음을 가지고 서로를 이해하며 대화를 하려는 노력은 곧 사랑하기 위한 발걸음이다.

05 서로를 응원하여 주는 동료 관계 만들기

"우리 모두를 합친 것보다 현명한 사람은 아무도 없다."
직장에서 동료와 협동하는 것은 매우 중요하다.
혼자서 모든 일을 해 낼 수 없기 때문이다.
직장에서 필수적인 것은 의사소통 능력이다.

대화는 동료의 마음을 여는 열쇠다

모든 인간관계는 대화에서 비롯된다고 할 수 있을 정도로 우리의 일상생활은 수많은 대화로 이루어진다. 낯선 사람과의 첫인사, 친한 친구와의 속 깊은 이야기, 가족과의 소소한 일상까지 어느 것 하나 이야기를 주고받는 대화로 이루어지지 않는 것이 없다.

따라서 대화는 소통의 시작이라 할 수 있다. 소통은 상대방을 받아들이고 인정하면서 시작한다. 상대방과 내가 다름을 인정하고 이해할 때 진정한 소통이 이루어진다. 요즘 소통이 사회적 쟁점이 되어 있지만, 소통의 문제는 언제, 어디서나 화두가 될 수밖에 없다. 왜냐하면 인간의 사회생활이 모두 인간관계에서 비롯되기 때문이다. 사람과 사람이 만나 이루어지는 사회라는 조직은 그 사람과 사람 때문에 조화와 갈등이 생긴다. 모두들 소통의 중요성은 알고 있지만 소통의 방법을 알고 실행에 옮기는 사람은 드물다. 상대방의 입장에서 상대방의 말을 들어 주기보다는 내 입장에서 상대방을 판단하고 상대방의 문제를 해결하려고 하기 때문이다.

모든 사회에서 마찬가지겠지만, 특히 직장에서는 소통 능력이 중요하다. 아무리 개인적인 능력이 뛰어난 사람이라 하더라도 회사의 업무를 혼자서 해내기는 힘들기 때문이다. "하이 파이브"라는 책에서 신임 사장이 '앨렌'이란 간부 사원에게 한 말처럼 회사는 '1인 아이스하키팀'이 아니다. 혼자서 북 치고 장구 치고 한다고 업무가 효율적으로 이루어지지는 않는다. 그 책에서는 "우리 모두를 합친 것보다 현명한 사람은 아무도 없다."라는 문장으로 회사에서의 팀워크의 중요성을 강조한다.

프로젝트를 수행하거나 새로운 사업을 시작할 때 우리는 혼자서 해낼 수가 없다. 여러 동료가 하나의 팀을 이루어 개개인의 능력을 발휘하기 위해서 토대가 되는 것은 의사소통이다. 대화를 통해 팀원들은 신뢰를 쌓고 협동심을 키운다. 이 과정에서 가장 중요한 것은 상대방을 배려하고 존중하는 마음이다. 여러 사람이 함께 일을 하다 보면 의견 충돌이 생기거나 갈등이 생기게 마련이다. 이럴 때 서로 대화를 통해 의견을 조율하고 타협점을 찾아 나가다 보면 훨씬 관계가 돈독해지고, 유대감이 강화된다.

특히 직장에서의 대화는 업무가 원활하게 진행되게 하는 윤활유 역할을 한다. 동료의 참신한 아이디어 제시가 문제 해결의 실마리가 될 수 있고, 축 처진 어깨 위로 전달되는 동료의 따뜻한 격려의 말 한마디가 에너지원이 될 수 있다.

때로 대화는 동료의 마음을 여는 열쇠가 되기도 한다. 겉모습만 보고 상대방을 판단하다가 실제 그 사람과 대화를 나누면 서로 이해하고 인정하는 폭이 넓어진다. 마치 오래된 친구를 만났을 때처럼 가까이에 있는 동료의 마음에서도 따뜻한 정을 느낄 수 있는 것이다. 이처럼 직장에서 이루어지는 동료 간의 대화는 원만한 인간관계, 보람 있는 직장 생활을 위해 필수적인 요소이다.

직장 동료와 간격 좁히기

인간관계를 원활하게 만드는 것이 직장 생활 최
대의 과제이다. 상대방과의 인간관계가 성립되어야 내 능력을
펼칠 기회가 온다. 상대방과 대화를 나눠 보지도 않고 무조건
"저는 이런 능력이 있습니다."라고 할 수는 없는 노릇이다.
내가 상대방을 탐색하는 시간이 필요하듯 상대도 나에 대해
무엇인가를 파악하고 난 후 상호 간에 인간관계가 맺어지는
것이다. 따라서 먼저 진심에서 우러나오는 대화를 통해 상대
방과의 간격을 좁혀 나가는 것이 중요하다.

직장을 떠나서는 친구들과 교우 관계도 좋고, 주변 사람들
과 원만한 대인 관계를 맺고 있으면서도 직장 안에서는 외톨

이로 지내면 그것처럼 힘든 것이 없다. 내 능력으로 다른 사람의 도움 없이도 업무를 수행할 수 있다고 생각하지만, 직장은 조직이기 때문에 다른 사람의 도움을 받지 않고서는 문제가 해결되지 않는 경우가 많다. 따라서 직장 내에서 원활한 인간관계를 맺기 위해서는 직장 내에서 자신의 인맥을 만드는 것이 중요하다.

인맥은 저절로 형성되는 것이 아니라 내가 노력을 하고 관리를 해야 얻어지는 것이다. 직장 동료는 친분을 위해 만난 사람이 아니라 일을 하기 위해 만난 사람이기 때문에 일로써 친해지는 것이 제일 쉽다. 따라서 일이 주어졌을 때는 뭐든지 못한다고 피하지 말고 적극성을 가지고 임하여야 한다. 특히 남들이 서로 기피하는 일이거나 선뜻 나서지 않는 일이 있을 때 "제가 한번 해 보겠습니다."라고 하거나 "처음 해 보는 일이지만 제가 하면 어떨까요?"라고 한다면 동료들에게 후한 점수를 받을 수 있다. 그리고 일을 맡았을 때는 적극적으로 수행해야 한다. 하지도 못하면서 나서서 괜히 일만 망치게 되면 오히려 가만히 있는 것보다 못 하기 때문이다. 동료와 프로젝트를 같이 하는 경우에는 신뢰감을 주는 일이 중요하다. 사소한 일이라도 최선을 다해 '믿음직한 사람', '성실한 사람'이라는 인상을 주어야 자신의 입지를 굳힐 수 있다. 반면에 매사 불만을 가지거나 불평을 한다면 좋은 인상을 주지 못한다. 다른 사람에게 '함께 일하면 피곤한 스타일'이라는 인상을 주지 않도록 말을 항상 조심해야 한다. 내 앞에서는 어쩔 수 없이 맞장구를 쳐주던 사람도 다른 자리에서는 나와 같이하지 않으려 하거나 다른 사람들에게 내 단점을 이야기할 수도 있는 것이다.

직장 동료와 친해지는 또 하나의 방법은 인사를 잘 하는 것이다. 인사를 잘하면 다른 동료들에게 좋은 인상을 줄 수 있고, 폭넓은 인맥을 형성할 수도 있다. 인사만큼 돈 안 들이고, 다른 사람의 환심을 사기 쉬운 일은 없다. 그런데 요즘 신세대들을 보면, 인사의 중요성을 간과하는 경우가 많다. 친하지 않은 사람들에게는 누구에게나 아는 체를 하지 않고, 자기와 다른 부서의 상사나 동료들에게는 눈길조차 주지 않는다. 더구나 같은 부서에서 다른 부서로 전근을 간 직원에게도 데면데면 대하기는 마찬가지다. 그렇지만 직장은 순환 근무로 이루어지기 때문에 다른 부서의 사람들이 언제 나와 가까운 동료가 될지 모른다. 정이 가는 눈길 한번, 인사 한마디가 나중에 좋은 인맥을 형성하게 하여 주는 밑거름이기 때문에 모르는 사람, 별 관계없어 보이는 사람에게도 친절하게 인사를 건네는 것이 중요하다.

특히 동료로 느껴지지 않는 동료에게 잘하는 것이 좋다. 예를 들어, 인턴 직원, 아르바이트생, 청소부, 경비원 등이다. 이들은 내 업무와 직접 관련되어 있지 않기 때문에 동료 의식이 생기지 않을 수 있다. 하지만 같은 회사에서 일을 하는 사람이라면 동료라는 생각을 할 필요가 있다. 때로는 나와 전혀 관계가 없는 사람이 나를 도와줄 수도 있고, 나와 적이 될 수도 있기 때문이다.

인사를 할 때는 상대방이 인지할 수 있도록 크고 분명하게 해야 한다. 혼자 입으로 웅얼거리고서는 상대편이 자신의 인사를 제대로 받아주지 않았다고 서운해 하거나 불쾌감을 갖는 태도는 바람직하지 않다. 상대방이 내 인사를 잘 받아주지 않을 때는 먼저 내가 인사를 제대로 했는지 반성하여 보는 것이 좋다. 나는 인사를 한다고 했지만 상대방은 그것을 미처 알아채지 못할 수 있기 때문이다. 따라서 인사말은 짧고 명확하게 말하는 것이 좋고, 태도는 크고 공손하게 가져야 한다.

가끔은 인사를 형식적으로 하는 사람들을 볼 수 있다. 눈은 다른 데를 응시하면서 고개만 숙이는 경우, 고개를 까딱하면서 휙 지나가는 경우, 인사를 하면서 얼굴은 무표정인 경우 등은 인사를 받는 사람 입장에서 불쾌감을 가질 수 있다. 인사를 대충 하는 행위는 결국 자신에게 해가 될 수밖에 없다. 인사를 하는 이유는 상대방과 친분 관계를 확인하고 유대감을 강화하기 위한 것인데, 무성의하게 인사를 하게 되면 오히려 이미지만 손상되고 말 것이다. 때로는 열 마디의 말보다 격식 차린 행동으로 호감 지수(好感指數)를 한 번에 올릴 수 있다.

직장 생활은 이인삼각 경기이다

집안에 운둔해 있지 않는 한, 우리는 늘 누군가와 만나고 헤어지며 사회생활을 한다. 이 사회생활에 바탕이 되는 것이 인간관계이다. 일을 하기 위해 취업을 했지만 인간관계가 원만하지 않아 직장 생활에 어려움을 겪는 사람들이 의외로 많다. 가정에서, 학교에서 자기 위주의 인간관계를 형성했던 사람들은 더욱 그러한 어려움에 직면한다. 가정에서는 내가 어떻게 행동하든 가족이라는 울타리 안에서 보호되고 이해되었다. 학교에서도 마찬가지로 내가 친하고 싶은 사람, 좋아하는 사람끼리의 네트워크가 형성이 되어 굳이 내가 관심을 두지 않는 사람, 나를 필요로 하지 않는 사람과 관계를 맺지 않아도 되었다. 물론 내가 좋아하고, 나를 좋아하는 사람들만 직장에 있다면 무슨 고민이 있으랴. 하지만 현실은 그렇지 않다. 직장에서는 내가 싫어하는 사람, 나를 비난하는 사람까지도 감싸 안으며 함께 생활해야 한다. 왜냐하면 직장 생활은 이인삼각 경기처럼 이루어지기 때문이다. 내가 원하는 사람하고만 짝이 될 수 없을 뿐만 아니라 일단 두 사람의 발목이 끈으로 묶였으면 최선을 다해 함께 골라인에 들어와야 한다.

직장에서는 한 사람을 깊이 알기보다는 여러 사람을 두루 아는 것이 중요하다. 교우 관계에서는 '확실한 내 편'을 만들기가 쉽다. 하지만 직장에서는 업무에 따라, 상황에 따라 얼마든지 '내 편'이 달라질 수 있다. 따라서 어떠한 업무를 수행하면서 꼭 누구와만 일을 하겠다는 논리가 성립되지 않는다. 언제, 어떤 사람과 한 팀이 되어 프로젝트를 수행할지 모르기 때문에 직장 동료를 많이 알아 두어야 한다.

직장 동료를 모두 친구로 삼으려면 그들에게 많은 관심을 기울여야 한다. 어렸을 때는 마음만 맞으면 저절로 친구가 되는 경우가 많았지만, 나이 들어서는, 더구나 직장에서는 내가 노력하지 않으면 친구로 만들기가 어렵다. 따라서 가까이에 있는 동료부터 깊은 관심과 애정으로 대하는 것이 필요하다.

동료가 평소 어떤 음식을 좋아하는지, 어떤 분위기를 즐기는지, 어떤 취향을 갖고 있는지 살펴보는 것이 좋다. "지난번에 보니까 카페모카를 드시던데, 제가 카페모카 한 잔 사 드릴까요?", "매운 음식을 좋아하시는 것 같은데, 낙지볶음 먹으러 갈까요?"라고 말한다면 사소한 관심에 상대방이 호감을 보일 것이다. 그런데 일부러 상대방의 사생활을 알려고 하였다가는 오해를 불러일으키거나 인간관계를 망칠 수 있기 때문에 조심하여야 한다. 상대방이 말하고자 하지 않는 것을 억지로 캐묻지 말고, 대화를 통해 자연스럽게 수집되는 상대의 정보에 귀를 기울이는 것이 좋다. 상대방에게 관심을 두고 이야기에 집중하나 보면 상대방에 대해 많은 것을 알 수 있다. 상대방의 생일, 좋아하는 찻집, 잘 읽는 책, 요즘의 취미 생활 등이 모두 소중한 정보이며, 이것 모두 상대방에게 다가갈 수 있는 화젯거리가 된다. 동료의 생일을 기억해 두었다가 책상 위에 꽃 한 송이라도 꽂아 놓는 센스가 있다면 많은 사람과 친구가 될 소질이 있는 것이다.

상대를 움직이는 진심의 힘

누구나 다른 사람에게 대접 받는 것을 좋아한다. 그렇지만 자신은 다른 사람을 제대로 대접해 주지 않는 경향이 많다. 그럴 때 인간적인 갈등이 생기게 되고, 오해를 낳기도 한다. 따라서 자신이 남에게 받고 싶은 만큼 남에게 베푸는 것이 원만한 대인 관계를 위해 필요한 일이다.

특히 직장에서의 인간관계는 가족 관계나 교우 관계와 달리 형식적으로 흐르기 쉽다. 왜냐하면 직장 자체가 친목을 위한 조직이 아니며, 사원들끼리 깊이 있는 대화를 나눌 기회가 부족하기 때문이다. 하지만 직장도 사람과의 관계로 이루어진 곳이다. 타인과의 관계가 원만하지 않으면 함께 일하기가 어려워진다. 따라서 가족과 친구를 대하듯 진심으로 상대를 대하는 것이 필요하다.

먼저, 직장 동료를 허심탄회하게 대하는 것이 중요하다. 평생 만날 사람이 아니라는 생각에 직장 동료에게 마음을 주지 않고 겉치레로 일관해서는 좋은 관계가 형성될 수 없다. 내가 마음을 열지 않는데, 상대방이 먼저 마음을 열고 다가오기는 어렵다. 내가 진심으로 상대방을 배려하고 존중하는 마음을 가져야 상대방도 마음을 연다. 한번 스치는 인연이라 하더라도 성심성의껏 최선을 다하면 누구든 쉽게 친해질 수 있다.

그 다음, 직장 동료를 경쟁자로 취급해서는 안 된다. 이제까지 연공서열에 의해 이루어졌던 임금 체계가 능력별 연봉 체계로 바뀌면서 직장인들이 동료를 경쟁자로 의식하는 경향이 생겼다. 남보다 뛰어나거나 남보다 앞서야 능력을 인정받는다는 의식이 생기면서 동료와 협력하기보다는 경쟁하려는 분위기가 지배적이다. 하지만 직장은 유기적인 관계로 맺어진 조직이다. 개인의 능력이 중시되기는 하지만 혼자만의 힘으로 조직이 운영되지는 않는다. 따라서 직장 동료를 조력자, 협력자로 인식할 필요가 있다.

동료에게 다가가는 방법 중의 하나는 칭찬이다. 겉치레로

느껴지게 하는 칭찬이 아니라 진심에서 우러나는 칭찬이 필요

하다. 평상시 오동통한 볼 살에 스트레스를 받는 동료에게

"볼 살이 통통해서 예쁘네요."라는 말은 칭찬이 아니라 비난

으로 느껴질 수 있다. 따라서 신체 부위에 대한 칭찬보다는

동료의 행동이나 태도에 대해 칭찬을 하는 것이 좋다. 예를

들어, "일찍 출근하시는 걸 보니 굉장히 부지런하신가 봐요."

라고 한다든지 "넥타이를 보니 패션 감각이 있으신 것 같아

요."라고 하면 상대가 싫어하지 않는 칭찬이 될 수 있다.

상대방을 배려하는 한 마디의 칭찬이 백 마디의 겉치레 말

보다 훌륭하다. 상대방의 장점을 억지로 찾아내려고 하다 보

면 오히려 상대방의 기분만 상하게 할 수 있다. 자연스럽게

상대방의 행동에서 칭찬할 만한 거리를 찾아 대화에서 언급하

면 대화의 분위기를 살릴 수도 있고, 상대방의 마음을 열어

친근하게 될 수도 있다.

짧은 인사가 긴 인간관계를 만든다

우리는 "기본을 지키자."는 말을 자주 한다. 직장 동료와의 대화에서도 기본은 중요하다. 상대방에게 도움을 받았을 때에는 주저하지 말고 "고마워요.", "감사합니다."라는 말을 하도록 하자. 때로는 쑥스러워서, 때로는 귀찮아서 고마움을 말로 표현하지 않는 경우가 많다. 내가 말로 하지 않아도 상대방이 내가 고마워하고 있다는 사실을 알아주었으면 하지만 실제는 그렇지 않다. 내가 말로 표현하지 않는데 상대방이 미루어 짐작하여 "뭘요, 괜찮습니다."라고 하지는 않는다.

우리는 너무도 당연한 말에 감동을 받기도 하고, 서운해 하기도 한다. "말 한마디로 천 냥 빚을 갚는다."는 속담이 있듯이, 별것 아닌 말로 울기도 웃기도 하는 것이다. 서류에 붙어 있는 메모지에서 "감사합니다.", "주말 잘 보내세요."라는 문구를 발견하면 누구든 입가에 미소를 지으며 감동할 것이다. 따뜻한 말 한마디로 상대와 유대감을 돈독하게 할 수 있고, 좋은 관계를 유지할 수 있다.

업무를 끝내고 기진맥진해 있는 동료에게 따뜻한 커피 한 잔을 들고 가서 "힘들죠? 이제 좀 쉬어요."라고 한 마디를 건네면 동료는 피곤이 싹 가시는 듯한 상쾌한 기분을 느낄 것이다. 아주 거창한 말, 화려한 미사여구만이 상대방의 마음을 녹이는 것이 아니다. 오히려 투박하지만 진심이 담긴 말 한마디가 큰 위력을 펼칠 수 있다.

아침에 출근해서 동료들과 첫 대면을 할 때 나누는 인사말은 하루를 기분 좋게 할 수 있다. 아무 말을 하지 않고 자기 자리에 가서 앉거나 "왔어?" 하면서 시큰둥하게 인사하면 상대방도 즐거운 마음으로 인사하기는 힘들 것이다. 상대방이 내게 먼저 인사해 주기를 바라지 말고 "안녕하세요? 오늘 날씨 참 좋죠?"라고 내가 먼저 인사를 건네 보자. 그러면 동료도 기다렸다는 듯이 인사말을 기분 좋게 건네 올 것이다. 전날 회식 자리를 함께 했던 동료에게는 "어제 집에 잘 들어갔어요?"라는 인사말이 훨씬 친근감이 있게 느껴질 것이다.

일을 하다 보면 동료들과 항상 좋은 관계만을 유지하기는 어렵다. 업무상 갈등이 생겨 서로 얼굴을 붉히며 마음 상하는 소리를 할 때도 있다. 그럴 때 말로 문제를 해결하려고 하면 언성이 높아질 수밖에 없다. 때로는 상대방에게 상처 주는 말을 하기도 한다. 상대방에게 소리를 지르고 비난을 퍼부을 당시는 문제가 깨끗이 처리될 것 같지만, 실제로 변한 것은 아무것도 없다. 단지 서로의 기분만 상하였을 뿐이다. 따라서 업무상 마찰이 생길 때에는 감정적으로 해결하려고 하지 말고, 상대방이 상황을 이해하고 해결책을 수용할 수 있게 이성석으로 접근하여야 한다.

상대방에게 말로 표현하기 어려울 때는 짤막한 글로 자신의 마음을 솔직하게 전달하는 방법도 있다. 장문의 편지를 쓰려면 형식이나 내용이 부담스러워 잘 써지지 않을 것이다. 그럴 때는 휴대전화 문자 메시지를 이용하거나 이메일을 이용해도 좋다. 신세대들이라면 이모티콘으로 얼마든지 상대방의 마음을 녹일 수 있을 것이다. 하지만 나이가 많은 동료이거나 별로 친하지 않은 동료에게는 격에 맞지 않는 이모티콘이 오히려 기분을 상하게 할 수도 있으니 주의하여야 한다.

인맥은 저절로 만들어지는 것이 아니다

말로는 "많은 직장 동료와 친하고 싶다.", "나도 인맥을 넓히고 싶다."고 하면서 그러기 위해 어떠한 노력도 기울이지 않는 사람이 많다. 직장에서의 인맥 관리나 인간관계는 저절로 형성되는 것이 아니다. 끊임없는 노력만이 원만한 인간관계를 유지하게 하여 준다. 직장에 들어서면 저절로 동료들과 친해질 수 있다는 믿음은 착각이다.

학창 시절 교우 관계는 특별한 노력 없이도 단지 마음이 맞는다는 이유로 얼마든지 맺어졌다. 때로는 같은 방향에 집이 있다는 핑계로 얼마든지 친구가 될 수 있었다. 때로는 같이 선생님께 꾸중을 들었다는 것만으로도 마음을 터놓는 친구가 되었다. 때로는 꼬깃꼬깃 접힌 딱지 한 장으로도 친구의 환심을 살 수 있었다. 그런데 나이가 들수록 친구들과 소원해지기 시작한다. 누군가 연락하지 않으면 10년이 다 되어도 만나지 못하고, 누군가 적극적으로 나서지 않으면 친구의 얼굴을 보기가 어렵다. 이는 친구들이 나이가 들면서 각자의 사생활이 많아졌기 때문이다. 어렸을 때는 행동반경이 좁아 집 앞 놀이터에만 나가도 친구를 만나고, 도서관이나 게임방에 가면 친구를 찾을 수 있었다. 하지만 이제는 친구와 밥 한 끼 먹으려 하여도 스케줄을 미리 조정하지 않으면 만날 수 없다. 하지만 그런 상황을 부정적으로 생각할 필요는 없다. 그만큼 내가 많은 사람들과 관계를 맺으며 살고 있다는 증거고, 따라서 나는 건강하게 삶을 영위하고 있다는 것이기 때문이다.

아무튼 직장을 나서면 동료들 나름의 사생활이 존재하기 마련이다. 그러기 때문에 동료들은 친구처럼 언제 어디서나 만날 수 있는 존재로 생각해서는 안 된다. 동료의 사생활을 건드리지 않는 선에서 만남을 유지하는 것이 중요하다. 따라서 직장 동료의 시간에 맞추어 약속을 잡고, 만난 다음에는 동료와의 시간을 의미 있게 만들도록 노력하여야 한다.

동료와 처음으로 자리를 함께할 때에는 미리 상대방에 대해 기본적인 정보를 알고 나가는 것이 좋다. 상대방의 취미, 전공, 성격 등을 알고 만나면 화제를 쉽게 꺼낼 수 있고, 어색한 분위기를 자연스럽게 바꿀 수 있다. 그렇다고 해서 상대방에 대해 너무 자세하고 많은 정보를 갖고 있으면 오히려 역효과가 날 수 있다. 남의 뒷조사나 하고 다니는 한심한 사람이라는 인상을 줄 수 있기 때문이다.

동료와 처음으로 만난 자리에서는 먼저 일상적인 대화로 말문을 여는 것이 좋다. 가벼운 이슈가 되는 뉴스거리도 화제로 손색이 없다. 단지 지나치게 주변 이야기만 한다면 분위기가 어색해지기 쉬우니 조심하여야 한다. 동료가 시간이 아깝다는 생각이 들지 않도록 유익한 정보를 제공하는 것이 중요하다. 이야기를 주고받을 때에는 단답형 질문은 피한다. 예를 들어, "식사하셨어요?"라는 질문에는 "예."나 "아니오." 같은 짧은 답변밖에 나올 수 없다. "어떤 음식을 좋아하세요?"라고 질문을 하면, 한식이라든가, 중식이라든가, 매운 음식이라든가, 달콤한 음식이라든가 얼마든지 대화가 이어질 수 있는 답변이 나올 수 있다.

만약에 직장 동료가 나와 만나기를 원하면 모처럼의 기회를 날려 보내서는 안 된다. 지나치게 강한 어조로 거절을 하거나 특별한 약속이 없으면서도 자주 동료의 권유를 거절하게 되면, 다시는 동료가 만나자고 하지 않을 것이다. 상대방이 나를 필요로 할 때는 그 기회를 놓치지 말아야 한다. 모처럼의 기회를 제대로 살리지 못한다면 동료에게 좋은 인상을 남길 수 없다. 거절할 때에는 상대방이 민망해하지 않도록 예절을 갖추어서 완곡하게 하고, 다음번에는 꼭 자리를 같이하겠다는 약속을 하는 것이 좋다.

다만 동료와 좋은 관계를 유지하겠다는 일념으로, 동료의 말 한마디 한마디에 지나치게 예민할 필요는 없다. 동료의 일거수일투족에 신경을 쓰다 보면 서로 피곤해져서 좋은 관계가 형성되지 못한다. 때로는 동료가 내게 퉁명하게 말을 하거나 인사를 무성의하게 받는다고 해서 상심하여 안절부절 못하는 경우가 있는데, 그것은 바람직하지 못하다. 인간은 감정의 동물이라는 말이 있듯이 상대방도 기분이 우울할 때도 있고, 화가 나 있을 때도 있는 것이다. 동료의 모든 기분 상태를 내가 파악할 필요는 없다. 상대방의 그런 기분 상태가 나 때문일 것이라고 자책할 필요는 더더욱 없는 것이다.

좋은 관계, 막역한 관계

얼마 전 뉴스에서 동료가 반말을 하였다는 이유로 감정이 격해져 살인을 저질렀다는 내용을 접한 적이 있다. 물론 반말이 살인에까지 이르게 하였다는 사실은 아주 극단적이고 비정상적이다. 하지만 평소에 말조심을 하지 않으면 언제, 누구의 마음에 상처를 줄지 모르는 것이다.

앞에서 직장 내 동료와 좋은 관계를 맺는 방법에 대하여 언급을 하였다. 하지만 '좋은 관계'가 곧 '막역한 관계'는 아니라는 사실을 알아 둘 필요가 있다. 아무리 친한 동료라 하더라도 직장 내에서는 예의를 지키는 것이 바람직하다. 왜냐하면 직장은 공공성이 있는 장소이기 때문이다. 사적으로 친분 관계를 위한 모임이 아니라 공적으로 업무를 처리하기 위해 만난 사람들이라서 항상 공사(公私)를 구분하는 것이 중요하다.

우리는 가끔 텔레비전에서 게스트로 나온 연예인들이 동료 연예인에게 방송 중에 "형!" 또는 "ㅇㅇ야!"라고 부르는 것을 본다. 아무리 개인적으로 친분이 있는 사이라고 하더라도 방송이라는 공적인 공간에서 사적으로 동료를 대하는 행동은 바람직해 보이지 않는다. 물론 은연중에 두 사람의 친분 관계를 내세우고 싶은 욕구가 분출된 것이라고 할 수도 있다. 그러나 방송 또는 직장은 두 사람만의 관계로 이루어지지는 않는다. 친하지 않은 다른 동료나 후배들이 그런 장면에서 소외감을 느낄 수 있고, 두 사람의 행동이 소식의 위계실서를 해질 수도 있다. "형!", "언니!", "ㅇㅇ야!" 같은 호칭은 사적(私的)인 공간이 아닌 직장에서는 바람직하지 않으며, 또한 반말체의 경우도 상대방이 기분 상할 수 있기 때문에 삼가야 한다.

직장에서는 학연이나 지연으로 인맥 관리를 하려는 사람들을 간혹 볼 수 있다. 같은 학교 출신이라는 것을 내세우거나 같은 고향 출신임을 내세워 친분을 과시하는 것은 주변 사람들을 배려하지 않는 행동이다. 당사자야 아는 사람을 만나서 반갑겠지만, 그 광경을 바라보는 사람의 입장에서는 유쾌한 일은 아니다. 내가 몇 년 동안 쌓아 올린 인간관계를 누군가 들어와서 무너뜨린다는 생각을 하게 하면 곱게 보아지지 않기 때문이다. 따라서 아는 사람이 있을수록, 친분 관계가 돈독한 사람이 있을수록 서로에게 피해가 되지 않도록 조심하는 것이 바람직한 사회생활의 방법이다.

따로 또 같이

직장 생활은 새로운 만남의 연속이라고 할 수 있을 정도로 낯선 사람과 만나는 횟수가 많다. 물론 직장이나 부서에 따라서는 같은 동료하고만 몇 년을 근무하는 경우도 있기는 하다. 그러나 일반적으로 사내에서든 사외에서든 새로운 사람을 만나서 협력을 해야 일이 진척되고 과업이 수행되는 일이 많다. 따라서 직장에서는 새로운 만남을 두려워해서는 안 된다. 새로운 사람, 낯선 환경에 빨리 적응하는 능력을 키우는 것이 성공하는 지름길이다.

학창 시절에는 좋아하는 사람끼리, 비슷한 사람끼리 어울리는 경향이 있었다. 그래서 나와 다르다는 이유로, 나와 안 맞는다는 이유로 타인을 멀리하기도 하였다. 끼리끼리 어울리는 문화가 쉽게 남들과 어울리지 못하게 하는 요소가 되기도 하였다. 또한 무리를 지어 다니는 것이 익숙하다 보니 혼자 자신만의 색깔로 생각하거나 행동하는 것이 부담이 되기도 하였다. '외톨이'가 두려워 무리에서 벗어나지 못하기 때문에 자신의 삶을 다양하게 변화시키기도 어려웠던 것이다.

그러나 직장에서의 인간관계는 '따로 또 같이'의 문화로 형성되어야 한다. 업무로는 동료와 밀접한 관계를 맺고 과업을 수행하면서, 사생활에서는 얼마든지 자유롭고 다채로운 만남을 가질 수 있어야 한다. 늘 만났던 사람들과만 접촉하는 인적 교류의 한계를 극복하고 새로운 환경에서 다양한 인물을 만나게 되면 식견(識見)도 넓어진다. 나와 비슷한 사람들끼리의 동종교배식 만남은 결국 나를 편협하고 고지식하게 만들 뿐이다.

특히 내가 어려워하는 사람, 부담스러워하는 사람을 자주 만나자. 보통은 내가 그 사람에 대해 잘 알지도 못하면서 지레 겁을 먹거나 편견에 사로잡혀 상대를 대하는 경우가 많다. 겉모습만으로는 사람을 판단하기가 어렵다. 하지만 우리는 겉모습으로 "저 사람은 날카롭게 생겼으니 아주 냉정할 거야.",

"들리는 소문에 저 사람은 성격이 별로 좋지 않대.", "저 사람은 늘 혼자 다니는 걸 보니 원만한 성격이 아닌가 봐."라고 말하며 상대를 평가한다.

하지만 우리는 우연히 만난 사람과의 대화를 통해 그를 마음속 깊이 이해하게 되는 경우를 많이 접하곤 한다. 굉장히 냉정할 것 같던 사람이 따뜻한 심성의 소유자라는 사실을 발견하거나, 아주 깍쟁이처럼 실속을 차릴 것 같던 사람이 넉넉한 심성의 소유자라는 사실을 발견할 때가 많다. 상대방에 대한 편견이 사라질 때 나와 상대는 새로운 인간관계를 형성하게 된다. 내가 남을 바라보는 시각으로 남도 나를 바라본다는 생각을 하면 우리의 편견이 결국 자신을 옭아맨다는 사실을 깨달을 수 있다.

자주 만난다고 상대를 잘 아는 것은 아니다. 어떤 때는 직장 동료를 가족보다 더 자주 만나지만, 그렇다고 내가 상대를 많이 알고 있다고 할 수 없다. '만남'이 '소통'으로 이어질 때 비로소 두 사람의 관계가 돈독해진다. 그냥 얼굴만 마주 대하는 관계는 깊이가 없어 동료 의식이 생길 수 없다. 따라서 새로운 만남에 주저하지 말고 그 만남이 '관계'로 이어질 수 있도록 적극적으로 노력하여야 한다.

호칭어는 그 사람의 인격과 자존심이다

우리말은 지칭어와 호칭어가 발달한 언어다. 말하는 대상에 따라, 상황에 따라 가리키는 말, 부르는 말이 달라지는 것이다. 예를 들어, '남편'은 '나와 결혼한 남자'를 가리키는 말인데, 다른 사람들 앞에서 남편을 지칭할 때 쓰는 말이다. 그렇지만 남편을 부를 때는 "남편!"이라고는 절대 부르지 않는다. "여보!"라고 부르든지 "○○씨!"라고 부르든지 "○○ 아빠!"라고 부른다.

직장에서의 지칭어, 호칭어는 대개 직함에 따라 달라진다. 직함에 접미사 '-님'을 붙여서 지칭하거나 호칭을 하는데, 직장 동료인 경우 친소 여부에 따라 조금씩 차이가 난다. 친한 동료에게 "○○ 과장님!" 하고 부르는 것은 좀 어색하다. 물론 공식적인 자리나 아랫사람이 있는 곳에서는 존칭 접미사를 붙여 동료를 높여 줄 수 있겠지만, 그렇지 않은 경우는 존칭 접미사 '-님'을 생략하여도 무방하다.

예전에는 직장에서 직급이 없는 아랫사람을 "미스 김!", "미스터 김!" 또는 "김 양!", "김 군!"이라고 불렀다. 요즘에는 그렇게 부르는 사람이 없을 뿐만 아니라, 그렇게 부르면 상대방이 아주 불쾌하게 생각할 것이다. 직급이 없는 아랫사람이나 동료는 "○○○ 씨!"라고 해서 이름에 '씨'를 붙여서 호칭을 사용하는 것이 좋다. 부르는 사람의 입장에서는 호칭이 크게 문제가 되지 않는다고 생각할지 몰라도 듣는 사람 입장에서는 호칭 안에 인격과 자존심이 같이 들어있는 것이다. 따라서 상대방이 불쾌하게 생각하는 호칭어나 지칭어는 사용하지 않아야 한다.

아무리 친분 관계가 있고, 동갑이거나 직급이 같다고 하더라도 이름을 부르는 것은 삼가는 것이 좋다. 직장은 공적인 장소이기 때문에 친하다고 친구처럼 대하는 것은 바람직하지 않다. 동료와 허물없이 지내는 것은 좋지만 격이 없어지면 그만큼 예의를 지키기 어려워진다. 따라서 동료에게 예의를 지키면서 친해지기 위해서는 지칭어, 호칭어 하나에서부터 격을 갖추는 것이 좋다.

지칭어, 호칭어와 함께 언급하여야 할 내용은 직장 동료와의 대화에서 상대를 어떻게 대우할 것인가이다. 직장 동료가 나와 연배가 비슷할 수도 있고, 때로는 나보다 나이가 많거나 어릴 수도 있다. 대개 직장에서 동료라고 하면 같은 직급에 있는 사람들을 지칭하는데, 승진 차이에 따라 연배와 약간 차이가 날 수 있다.

우리말 경어법에는 '압존법(壓尊法)'이라는 것이 있다. 내가 높여야 할 주체가 듣는 이보다는 낮은 지위에 있을 때, 그 사람을 듣는 이 앞에서 올리지 못하는 경우에 '압존법'을 사용한다. 예를 들어, "할아버지, 아버지가 집에 왔습니다."라고 하는 것이다. 아버지는 할아버지보다 항렬이 낮기 때문에 할아버지 앞에서 아버지를 높이지 못하는 것이다.

직장에서 '압존법'을 사용할 적에 유의를 많이 하여야 한다. 왜냐하면 나이가 많아도 직급이 낮은 경우, 직급이 높아도 나이가 어린 경우가 있기 때문이다. "회장님, 사장이 왔습니다."보다는 "회장님, 사장이 오셨습니다."라고 하는 것이 더 나은 표현이다. 회장에 비해 사장이 낮은 직급이긴 한데 사장의 부하 직원인 말하는 이의 입장에서는 사장도 높여야 할 상대이기 하기 때문이다. 그렇다고 회장 앞에서 회장의 부하 직원인 '사장'을 '사장님'으로 칭하는 것은 예의에 어긋난 표현이다.

예의를 지키는 것은 바람직한 행위지만, 그것이 너무 과하거나 잘못 사용되면 오히려 독이 된다. 예를 들어, 동료에게 "진지 드셨습니까?"라고 한다든지 "별고 없으셨습니까?"라고 말하는 것은 너무 격식이 지나친 것이라 상대방을 당황스럽게 한다. 또한 어떤 경우에는 자신을 높여서 표현하기도 한다. "제가 아시는 분이 그러셨어요.", "저한테 여쭤 보세요.", "제가 문서를 올리실 테니 수정할 게 있으면 말씀해 주세요." 등은 경어법(敬語法)에 어긋나게 말한 예이다.

예의는 상대방을 배려하는 데서 시작한다. 상대방이 느끼기에 거북하거나 불편하다면 그런 것은 예절 바른 행위가 될 수 없다. 따라서 상대방이 부담을 느끼지 않는 범위에서 격식을 차리는 것이 중요하고, 그런 면에서 지칭어와 호칭어는 정확하게 사용하여야 한다.

업무 수행을 위한 대화는 분명하고 간결하게 말한다

여러 사람과 대화를 나누다 보면 어떤 사람은 메시지 전달이 명료한데, 어떤 사람은 도통 무슨 말을 하는지 알아들을 수 없는 경우가 있다. 친교를 목적으로 하는 사적인 대화를 나눌 때에는 놓치는 내용 때문에 불이익을 받는 일은 별로 없다. 그렇지만 공적인 업무를 수행하기 위해서 대화를 나눌 때에는 자칫 중요한 정보를 놓쳐 큰 실수를 하거나 망신을 당할 수 있다. 따라서 말을 할 때는 분명하고 간결하게 하는 것이 중요하다.

그라이스(Grice)는 대화를 효과적으로 하기 위해 어떤 묵시적인 지침이 필요하다고 보고 '대화의 원리'를 제시했는데, 그

중 '방법의 격률'이 '간단하고 명료하게 말하라.'는 것이다. 대화를 효율적으로 나누기 위해서는 말을 할 때 모호하거나 중의적인 표현을 피해야 한다는 것이다. 가장 기본이 되는 지침이지만 일상 대화에서는 잘 지켜지지 않는다. 말하는 사람은 전달의 방법보다는 전달할 메시지에 집중하기 때문이다. 하지만 제대로 메시지가 제대로 전달되지 않으면 상대방이 오해를 할 수도 있고, 착각을 할 수도 있다. 직장에서의 대화는 단지 상대방의 오해나 착각으로 끝나는 것이 아니라 업무의 불이행이나 회사 이익의 손실로 이어질 수 있기 때문에 주의하여야 한다. 따라서 말을 하는 사람은 듣는 사람의 입장에서 의도를 정확히 파악할 수 있도록 분명하고 간결하게 말할 필요가 있고, 듣는 사람은 메시지가 제대로 전달되지 않았으면 질문을 통해 말하는 이의 의도를 명확하게 파악하도록 하여야 한다.

먼저, 말을 할 때는 간결하게 하여야 한다. 한꺼번에 너무 많은 정보를 전달하면 듣는 사람이 놓치는 정보가 생길 수밖에 없다. 따라서 중요하다고 생각되는 항목을 위주로 짧고 쉽게 전달하는 것이 중요하다. 특히 전문용어나 숫자 등은 정확히 또박또박 말하도록 한다. 자신이 장황하게 설명하고 나서 상대방이 제대로 이해하지 못했다고 나무라는 것은 바람직하지 않다.

둘째, 말을 할 때는 조리 있게 하여야 한다. 듣는 이가 예상할 수 있는 방향으로 내용을 전개해 나가야 한다. 이 이야기 하였다 저 이야기 하였다 하면서 왔다 갔다 하면 말의 논리성이 떨어지고 듣는 이의 집중력을 떨어뜨린다.

셋째, 모호한 태도를 지양하여야 한다. 부탁을 하는 행위인지 아닌지 모르게 하거나 거절을 하는 행위인지 아닌지 모르게 해서는 안 된다. 부탁을 할 때는 자신이 원하는 바를 확실히 제시해서 상대방이 자신의 입장을 전달할 수 있도록 하여야 한다. 무엇을 원하는지 상대방에게 전달이 되지 않으면 상대방이 도와줄 수 없게 된다. 그리고 너무 광범위하게 요구를 하면 지레 겁을 먹고 거절하게 되니까 조심하여야 한다. 또한 무뚝뚝하게 명령하는 투로 부탁하지 말고 정중하게 요청하는 태도가 바람직하다. 부탁을 들어줄 때는 확실하게 표현을 하고, 거절을 할 때도 분명하게 의사를 표시해서 모호한 태도로 상대방이 오해하게 해서는 안 된다.

말하는 것보다 듣는 것이 더 어렵다

'말을 하는 것이 쉬울까?', '말을 듣는 것이 쉬울까?'라는 실문에 언뜻 생각하면 '말을 듣는 것이 쉽겠지.'라는 대답을 할 것이다. 하지만 우리가 대화를 나누다 보면 상대방에게 내 이야기를 전달하는 것보다 상대방이 이야기하는 내용을 귀담아 듣는 것이 더 힘들다는 사실을 깨닫게 된다. 왜냐하면 대화를 나눌 때 남의 입장을 이해하려고 하기보다 나의 입장을 상대방에게 관철시키려는 욕구가 크기 때문이다. 그러다 보니 상대방이 이야기할 때 내 머릿속에서는 어떤 이야기를 할 것인가가 끊임없이 되뇌어지는 것이다. 결국 상대방은 하였던 이야기를 반복하거나 말하기를 중간에 포기하게 된다.

이형래 교수가 '직장에서 요구되는 국어 능력'을 설문 조사한 결과, 직장인들은 직무 수행에 필요한 듣기로 '고객의 요구 사항이나 불만 사항, 문제점 등을 신속하고 정확하게 파악하기, 회사 업무 내용이나 회의 내용 듣기, 동료의 의견에 주의 집중해서 듣기' 등을 들고 있다. 즉 직장에서의 듣기 능력이 업무 수행 능력으로 이어질 수 있다는 내용이다. 상대방이 말하는 내용을 제대로 듣지 못하거나 이해하지 못하면 업무 수행을 할 때 낭패를 보기 쉽다. 따라서 다른 사람이 이야기를 할 때는 선입견이나 편견을 버리고, 상대방의 입장에서 말을 들을 필요가 있다. 가끔은 내가 아는 내용이라고 해서, 또는 나보다 경험이 없는 동료가 이야기한다고 해서 집중을 하지 않거나 중간에 말을 돌리는 경우가 있다. 하지만 대화의 기본은 경청이다. 내가 열심히 이야기한 내용을 상대방이 전혀 귀담아 듣지 않았다면, 다시는 그 사람과 이야기하고 싶지 않을 것이다.

스티븐 코비 박사는 "성공하는 사람들의 7가지 습관"에서 다섯 번째의 습관으로 '공감적 경청'을 들고 있다. "먼저 경청해서 상대방을 이해하려고 노력하라."는 것이다. 그는 우리 대부분이 남을 이해하려는 의도로 듣는 것이 아니라, 대답할 의도를 갖고 듣는다고 주장한다. 그러므로 우리는 다른 사람의 이야기를 들을 때 자신의 준거틀로 상대방을 판단하고, 평가하고, 조언하려고 한다. 따라서 '공감적 경청'을 하기 위해서는 다른 사람의 관점에서, 다른 사람이 세상을 보는 방식에 입각하여 세상을 볼 때 가능해진다는 것이다.

타인의 입장에서 타인을 이해하려고 노력한다는 것은 말처럼 쉬운 일은 아니다. 왜냐하면 이제껏 내가 살아온 방식과 틀이 있기 때문이다. 이제까지의 내 경험과 지식을 다 버리고 오로지 상대방만을 바라보면서 듣는 것은 많은 인내심을 필요로 한다. 또한 기본석으로 상대방을 인격적으로 존중하지 않으면 불가능한 듣기의 방법이다.

회식도 업무의 일환이다

직장 생활의 꽃은 '회식'이라고 말하는 사람이 있을 정도로 직장에서의 회식은 구성원의 결속력 강화의 차원에서 없어서는 안 될 중요한 요소다. 업무와 관련된 결정적인 힌트나 중요한 정보는 회식 자리에서 나온다 해도 과언이 아닐 정도로 회식은 직장인이 빠져서는 안 될 자리다. 결국 회식 자리는 레크리에이션이 아니라 업무의 일환인 것이다. 회식 자리는 참석하는 것이 좋다.

그러나 회식 자리에서 흥겹게 즐기다 보면 본의 아니게 실수를 하는 경우가 생긴다. 예를 들어, 분위기에 취해 직장 상사나 다른 동료의 험담을 하거나, 신세 한탄을 하거나 끊임없이 불평을 늘어놓는 직장인들이 있다. 함께 자리한 사람들은 즐거운 분위기를 깨기 싫어서 상대방에게 싫은 내색을 하지는 않지만, 그렇게 험담이나 불만만 내뱉는 사람을 좋아하는 이는 아무도 없을 것이다. '술김'이라는 변명은 직장에서 통하지 않는다. 술을 마시고 실수를 할 것 같으면 아예 술을 마시지 않는 것이 술자리에 함께 있는 사람들을 배려하는 행위이다. 회식 자리는 누가 술을 얼마나 '많이' 먹느냐보다는 얼마나 '잘' 먹느냐로 판가름된다. '잘' 먹는다는 것은 분위기를 즐길 줄 안다는 뜻이다. 술을 많이 먹지 않아도 얼마든지 흥겨운 분위기로 팀원들 간의 단합을 이끌어낼 수 있다.

회식 자리에서 보면, 항상 분위기를 자기 본위로 이끌어 가려는 사람들이 있다. 다른 사람은 안중에도 없이 혼자 큰소리로 떠들면서 분위기를 흐리는 경우를 볼 수 있다. 그런 사람들은 돈키호테처럼 막무가내식 의협심으로 좌중을 불안에 떨게 하거나 기행(奇行)으로 다른 사람의 관심을 끌려고 한다. 남들보다 별난 행동으로 일시적인 스타가 될 수는 있겠으나 다음 날 멀쩡한 정신으로 동료를 만나게 되면 민망해서 얼굴을 들 수 없을 것이다. 앞에서 언급했듯이, 직장에서의 회식 자리나 술자리는 업무의 연장선상에 있다. 따라서 지나치게

방심하여 인격적으로 성숙하지 못하다는 인상을 주어서는 안
된다.

  회식 자리는 될 수 있는 한, 제 시간에 참석하는 것이 바람
직하다. 회식 분위기가 무르익어 다들 즐기고 있는 상황에서
늦게 참석한 사람 때문에 분위기가 깨지는 경우가 있다. 한
마디로 지각 참석은 민폐를 끼치는 일이다. 일이 있어서 늦게
회식 자리에 도착했을 때는 조용히 인사를 하고 자리에 앉는
것이 좋다. 떠들썩하게 인사를 하면서 자리에 앉게 되면 모임
의 분위기가 산만해지고, 사람들의 대화는 끊기고 만다. "미
꾸라지 한 마리가 물을 흐린다."는 말이 있다. 본의 아니게 미
꾸라지가 되는 일이 없도록 하여야 한다.

  회식 자리가 누구에게나 즐거운 것은 아니다. 술을 마시지
못하는 사람들에게는 회식 시간이 고역일 수 있다. 그렇다고
자주 회식 자리에 빠지게 되면 어느 누구도 참석하지 않은 사
람을 챙겨 주지는 않을 것이다. 회식에 빠짐으로써 새로운 정
보나 소식을 놓치거나 지식 공유에서 제외되는 서러움을 겪게
된다. 따라서 피치 못할 사정으로 회식에 참석하지 못 할 때
는 처해 있는 상황을 구체적으로 설명하여 주고, 다음번 회식
에는 꼭 참석하겠다고 약속을 하여 두는 것이 좋다. 그래야

다음번 회식 자리에 참석하여도 머쓱하거나 어색하지 않다.
술을 먹지 않아도 즐길 수 있도록 서로 배려하여 주는 분위기
를 만들어 회식 본연의 목적을 퇴색시키지 말아야 한다.

대화의 시작은 공감이다

같은 직장을 다닌다고 모두 친분 관계가 있는 것은 아니다. 규모가 큰 직장일수록 얼굴을 맞대고 대화를 하여 본 동료가 그렇지 않는 동료보다 적은 경우가 많다. 따라서 직장을 다니는 사람들은 처음 보는 사람과 무슨 말을 해서 대화를 시작할까 하는 고민을 하게 된다. 상대방의 취향과 성격을 모르는 상태에서 말을 트기가 어렵기 때문이다. 처음 보자마자 "몇 평에 사세요?", "연봉이 얼마예요?"라고 한다면 상대방이 마음을 열기는커녕 오히려 이상한 사람이라고 생각하여 멀리할 것이다.

그런데 다른 사람과 대화를 나누다 보면 의외로 상대방의 입장을 고려하지 않고 말하는 사람을 많이 볼 수 있다. 결혼

후 자녀를 갖지 못해 애가 타는 사람에게 "아직 왜 아이가 없어요?"라고 묻는다거나 결혼하지 않은 동료에게 "눈이 너무 높은 거 아니야?"라고 하면서 상대방을 추궁하는 경우들이 있다. 물론 상대방을 미처 파악하지 못해서 실수로 상대방의 신상을 언급할 수도 있다. 그러나 좋은 소리도 자주 들으면 질리는데 그렇지 않은 말을 계속 듣는 사람은 고통스러울 수밖에 없다. 혹시 모르고 실수를 하였을 경우에는 바로 사과하여 상대방의 기분을 풀어 주는 것이 바람직하다.

상대방과 서먹서먹할 때 우리가 자주 쓰는 말이 때로는 대화의 질을 떨어뜨리는 경우가 있다. "잘 지내시죠?"나 "요즘 바쁘시죠?" 또는 "식사는 하셨어요?"라는 질문에는 "네.", "아니오."의 대답밖에는 나올 수 없다. 친분 관계가 있는 사람도 아닌데 요즘 잘 지내고 있지 않다는 넋두리로 대화를 이어 나갈 수 없을 뿐만 아니라 식사를 하였느냐는 질문에 단답형으로 답할 수밖에 없다. 따라서 "예."나 "아니오."처럼 단답형 답변이 나올 질문은 미리 피하는 것이 좋다. 짧게 끊어지는 이야기를 하다 보면 대화를 이어 나가기가 서로 힘들기 때문이다.

처음 보는 사람과 대화를 나눌 때 종교나 정치 관련 이슈는

흥밋거리는 될 수 있지만, 자칫 잘못하면 상대방과 견해가 달라서 갈등이 생길 수 있다. 따라서 상대방의 말과 태도를 자세하게 살핀 다음 화젯거리를 선택하는 것이 좋다. 상대방의 이야기를 통해 상대방의 관심사를 파악하거나 상대방이 필요로 하는 것을 알아차릴 수 있다. 스포츠에 관심이 많은지 영화 관람에 흥미를 두는지 패션에 조예가 깊은지를 꼼꼼히 관찰한 후, 상대방의 관심사에 맞추어 이야기를 하는 것이 바람직하다.

동료와 처음 이야기를 나눌 때는 되도록 상대방에게 맞추어 주는 것이 예의다. 나와 의견이 다른 경우에도 일단 상대의 견해를 지지하여 주는 마음가짐을 가져야 한다. 친한 사이가 아닐 때에는 사소한 표정이나 어투가 상대의 기분을 상하게 하기 때문이다. 처음부터 내 의견을 상대에게 관철시키려다 보면 괜한 오해가 생기거나 갈등이 생겨 대화가 단절될 수 있으니 주의하여야 한다.

마음을 움직이는 진심 어린 말

직장에서 이루어지는 동료 간의 대화도 다른 대화와 마찬가지로 서로의 마음을 여는 데서 출발한다. 사람을 귀하게 생각하고, 인연을 중시하는 마음가짐이 대화를 이끌어가는 힘이 된다. 아무리 표현이 투박하고, 어눌하다 하더라도 진심이 전해지는 말하기를 한다면, 동료들에게 신임을 얻는 사람이 될 수 있다. 반면에 청산유수로 말은 잘하지만 진심이 느껴지지 않거나 언행이 불일치할 경우에는 동료들에게 외면당할 것이다. '진심 어린 말'이 곧 '마음을 움직이는 말'이다.

06 | 상사와 부하 직원의 신바람 나는 대화법

남편과 20분, 자녀와 30분, 부모와 10분,
그러나 이들은 하루 평균 8시간 이상을 음성 언어로
때로는 신체 언어로 소통을 한다.
어쩌면 가족보다 애인보다 더 많은 시간을 함께 보내는
그대 이름은 김 부장님, 이 대리, 바로 직장의 상사와 부하이다.
상사와 부하가 어떻게 대화하느냐에 따라 업무의 효율이 결정되고
성과가 달라질 수 있다.

힘이 나는 직장 생활과 기운 빠지는 직장 생활

집에서는 일어나서 씻고 밥 먹고 대화하고 직장 갔다가 돌아와서 또 밥 먹고 씻고 텔레비전 보고 잔다. 직장에서는 출근해서 회의하고 보고하고 지시받고 식사하고 야근하고 퇴근한다. 아침에 출근하면 각자 자리로 가서 친한 사람과 차를 마시고 밥을 먹고 하루 종일 대화는커녕 눈인사도 못하고 퇴근하는 상사와 부하가 있다. 때로는 화상으로 회의하고 전자 결재로 문서를 처리하는 경우가 많아 직속 상사가 아침에 매고 온 넥타이 색이 뭔지도 모르고 하루를 보내기도 한다. 이 장에서는 출근할 때부터 퇴근할 때까지의 직장 생활에서 상사와 부하의 이상적인 대화법을 사례를 통해 제시한다.

출근할 때의 짧은 인사는 하루의 기분을 좌우한다

8시 50분. 하루를 시작하는 출근 시간. 저 멀리 김 부장님의 모습이 보인다. 이때 얼굴을 돌리고 못 본 채 하는 것이 좋을까, 아니면 가까이 다가가 반갑게 "김 부장님, 안녕하세요?"라고 하는 것이 좋을까. 어떤 이는 인사는 하되 반가운 기색이 없고 완전히 "나 기분 나빠요. 오늘 건드리지 마세요."라는 표정으로 인사를 하는 직원이 있다. 이때 상사는 이렇게 생각한다. "그렇게 인사하려면 아예 하지 마."

또, 문을 열고 들어오는 사람은 정 대리. 상사인 나는 어떻게 할 것인가? '아랫사람한테 상사가 어찌 인사를 먼저 할 수 있지?'라고 생각하며 아랫사람이 먼저 인사할 때까지 기다리는 것이 좋을까, 아니면 기쁘게 "정 대리, 좋은 아침이에요. 오늘 하루도 파이팅!"이라고 하는 것이 좋을까. 당연히 후자를 선택하는 것이 상사한테도 좋고, 회사에도 유익하다. 왜냐하면 힘든 출근길에 아침부터 신경전을 벌이는 것은 정신 건강에도 안 좋을 뿐만 아니라 무엇보다 지위 고하를 막론하고 즐겁게 인사를 하는 것은 서로에게 좋은 에너지를 주는 것이며 보기에도 좋은 일이기 때문이다.

아침 조회는 기분 좋은 하루의 워밍업

아침 조회는 하루를 여는 의미로 짧게 진행한다. 조회 진행은 팀장이나 상사가 진행하기보다는 말단에서부터 부서장까지 순번을 정해 두고 돌아가면서 한다. "오늘은 김 주임이 진행해 주세요." 조회의 형식은 따로 정해 두지 않고 각자가 자유롭게 진행하도록 자율성을 부여한다. 가령 오늘의 중요한 일과 어제 미진했던 일을 각자 1분씩 발언한다든가, 월요일 조회라면 지난주에 있었던 일 중에 인상 깊었던 일을 경험한 사람이 자신의 이야기를 공유하면서 주간 회의를 할 수도 있다. 아침 조회는 하루를 즐겁게 힘차게 시작하자는 의미에서 활력 충전의 시간으로 사용하기를 권한다.

상사의 말을 긍정한 뒤 자신의 의견을 말한다

업무 중에 상사와 부하는 의견 대립이 충분히 있을 수 있다. 상사와 생각이 다를 때는 일던 민저 상사의 말에 긍정의 반응을 보인 후에 이렇게 이야기한다.

"네, 팀장님 그렇게 하겠습니다. 그러나 ○○ 부분에 대해서는 저는 다른 의견을 가지고 있습니다. 한번 검토해 주세요."

상사의 지시가 부당하거나 옳지 않은 방향으로 진행된다고 판단될 때 부하가 해서는 안 될 말이 있다.

"그게 아니구요, 부장님!"

이렇게 툭 던지듯이 이야기하는 부하는 아무리 업무를 뛰어나게 잘 처리한다고 하여도 상사에 대한 태도가 불손하다고 마음속으로 판단하게 된다. 이런 경우에는 의견이 다른 것에 대한 명확한 근거와 대안을 이야기하도록 한다.

> "부장님, 충분히 그렇게 생각하실 수 있습니다. 그러나 저는 ○○면에서 지금은 시기상조라고 보는데요. 향후 ○○목표를 생각해본다면 장기적인 안목에서 ○○부터 시작하는 것이 좋다고 판단하는데 어떻게 생각하세요?"

이렇게 말하는 부하는 상사의 감정을 건드리지 않으면서 자기 의견을 관철시킬 수 있는 확률이 높다. 이때 부하가 주의할 점은 마치 상사를 가르치려 드는 것처럼 보이면 표현은 자제한다. 가령 "그건 안 되거든요?, 이번 일은 그래서 이렇게 된 겁니다."와 같은 단정의 표현보다는 "저는 이렇게 생각하는데 어떠세요?, 저의 의견이니 한번 검토해 주시겠어요?"와 같은 청유의 표현이 더 낫다.

무조건 화를 내는 것은 역효과를 불러온다

직장은 좀처럼 기다림에 인색하다. 그 이유는 여러 가지가 있겠지만 납기일, 마감일, 발송일, 보고일 등 수많은 일정들이 톱니바퀴처럼 돌아가고 있어 어느 것 하나라도 삐걱하면 매출 저하, 부도, 사고, 실적 저조 등과 바로 연관되기 때문이다.

일찍이 공자(孔子)도 "더 많이 알수록 더 많이 용서하게 된다."고 말하였고, 예수도 '마태복음'에서 "일곱 번씩 일흔 일곱 번을 용서하라."고 말하였다. 잘못한 부하보다 상사는 경험도 많고 연륜도 많으니 용서하고 이해하여야 한다. 그리고 무엇보다 다음번에 이런 실수를 반복하지 않도록 장치를 하여 두

어야 한다. 그러려면 '화'를 내는 것은 오히려 역효과를 가져
올 수 있다. 실수에는 다 이유가 있기 마련이기 때문에 부하
는 자신의 잘못을 반성하고 앞으로 이런 실수를 두 번 다시
저지르지 않을 것을 다짐하기는커녕 "자기가 상사면 다야? 나
도 최선을 다했다구!"라고 말할 것이 뻔하다.

부하가 잘못을 하였을 때는 일단 그 자리에서 이야기하지
않고 따로 불러 자초지종을 물어 보도록 한다. 그리고 왜 그
런 실수를 하였는지 본인의 머리와 입에서 정리할 수 있도록
시간을 준다. 이때 얼굴 표정과 눈은 경직되지 말도록 하며,
"나는 지금 화가 많이 나 있지만 자네가 일부러 그런 게 아니
라고 판단하여 참고 있는 거야."라는 메시지를 전달한다.

"김 대리 대체 뭐 하는 사람이야? 이것밖에 안 돼? 업무 손실
이 얼마인 줄이나 알아?"

과거의 잘못을 추궁하기보다는 이렇게 따뜻하게 이야기하는
것은 어떨까?

"김 대리, 난 김 대리가 이번 일을 잘 처리해 주리라 믿었어.
그런데 일이 이렇게 되니 나로서는 무척 속이 상하는군. 자네

도 최선을 다하려고 하였겠지만 이번 일은 스스로 잘 평가해
서 다시는 이런 일이 반복되지 않도록 노력합시다."

업무를 지시할 때는
마감일과 업무 내용을 구체적으로 말한다

상사가 업무를 지시할 때에는 업무 내용은 구체적으로 제시하여 주고 필요에 따라서는 간략한 브리프를 만들어 주는 것도 필요하다. 이는 나중에 "그 이야기 못 들었는데요."라고 말하든가, "저는 다른 파트에서 진행하는 일인 줄 알았습니다."라고 말하게 되면 그때는 이미 모든 것이 늦어진다. 상사가 부하에게 지시한 업무를 부하가 제대로 못 알아들었다면 이는 상사의 책임도 크다.

사안에 따라 다르겠지만 기한은 지시를 받은 부하가 가능한 시간을 정하도록 하는 것이 업무에 효율성이 있다. 만약 너무 느슨하게 일정을 잡는다면 "최대한 마칠 수 있는 시간이 언제인가?"라고 다시 확인하는 것이 필요하다. 또한 마감 2~3일 전에는 상사가 일의 내용을 다시 한 번 상기시켜 주고, 반드시 상사가 확인할 것이라는 점을 알려준다.

가장 안 좋은 지시는 애매모호하고 추상적인 것이다. 가령 "되는 대로 빨리 해 줘.", "최대한 서둘러서 진행하세요."라고 하는 상사에게는 부하 직원이 되물어서 일정에 차질이 없도록 하여야 한다.

이렇게 확인하는 센스를 발휘하는 것이 필요하다.

독심술을 가진 부하 직원은 없다

업무를 확인하는 상사의 머릿속을 부하가 모두 파악하고 있을 리가 없다. 부하가 독심술을 가진 것도 아니고 말이다. 때로는 상사가 거두절미하고 본론부터 말하는 경우가 있다.

상사 이 대리, 어제 그거 다 처리했나?
부하 네? (어리둥절) 어제 뭐요?

상사는 맥락을 이해하지 못하는 부하에게 최대한 자상하게 확인하여야 한다. 그리고 여기서 간과하지 말아야 할 것이 있는데, 그것은 2번까지만 확인할 것. 그 이상은 잔소리가 되고, 부하도 짜증이 난다. 그리고 2번 이상 말해도 안 듣고 딴청을 부리는 부하에게는 더 이상 이야기하지 말고 마음을 비워야 한다. 직장은 학교가 아니다. 가르쳐서 될 것이 있고 아닌 것이 있다.

문제가 있다고 판단되는 직원의 행동을 하나하나 기록하여 두었다가 실수를 3번 이상 반복할 경우에 조용히 불러서 조목조목 타이른다. 화를 내기보다는 부드럽고 자상하게 부하의 잘못에 대하여 질책한다. 한 사람의 잘못으로 인하여 전체 팀 워크에 얼마나 문제가 생겼는지, 업무 손실은 얼마나 되는지 등을 이야기하고 고치도록 독려한다. 상사와 선생님의 공통점은 약간의 인내심이 필요하다는 것. 숨넘어가는 일이 아니라면 부하를 기다려 주기, 그리고 회사에 경영 손실을 초래하는 것이 아니라면 조금만 참기. 이것이 상사의 입장에서 베풀 수 있는 일이다.

듣기 능력의 향상은 업무 능력의 향상이다

듣기를 잘하는 부하는 업무 수행 능력이 뛰어난 사람이다. 왜냐하면 듣기를 잘하는 부하는 상사가 지시한 업무에 대해 정확히 파악한 사람이며, 업무 파악이 제대로 되어야만 업무 진행을 원활히 할 수 있기 때문이다. 가령 직장 내에서 상사가 지시한 내용을 까마득히 잊고 "앗, 깜빡했네요."라고 말하는 부하가 있다. 이는 상사가 말하는 것을 아예 무시했거나, 그것이 아니라면 듣는 시늉만 하고 건성으로 들었다는 이야기이다.

부하 입에서 "앗, 깜빡했네요."라는 말이 나오지 않도록 하려면 상사가 지시를 할 때 구체적으로 잘 들었는지 확인하는 것도 필요하지만 무엇보다 부하 직원은 상사가 지시할 때 메모를 하여 지시 내용을 잘 기록하고 다시 한 번 숙지하는 것이 필요하다.

직장 내에서 업무 지시는 얼굴을 보고 하는 것도 있지만 이메일로 하는 경우도 있고, 전화로 하는 경우도 있으니, 지시의 내용과 상황에 개의치 말고 잘 듣고 실행하는 것이 필요하다. 일을 잘한다는 소리를 듣고 싶은 부하 직원은 듣기를 잘하고, 메모하는 습관을 철저히 가져야 한다.

지나친 맞장구는 오히려 의사소통을 방해한다

상사의 말이 채 끝나지도 않았는데 "예예, 예예."를 연발하는 부하가 있다. 이는 상사의 입장에서는 '내 말이 듣기 싫다는 이야기인가', 또는 '빨리 끝내어 달라는 이야기인가'라고 생각할 수 있다. 대답도 지나치면 오히려 안하는 것보다 못하다. 또 다른 예를 들면, 상사가 부하와 함께 업무 내용을 공유하고 있는데 이때 부하가 "아 예, 그렇군요.", "힘드셨겠어요.", "제가 생각해도 그렇네요." 등 불필요한 맞장구를 쳐서 오히려 상사의 말하기에 방해를 하거나 같이 듣고 있는 다른 사람에게 듣기를 방해하는 경우가 있다. 무엇이든 적당한 것이 최선이며, 상사의 말이 끝날 무렵 "네, 잘 알겠습니다.” 또는 “네, 팀장님 말씀대로 하겠습니다.” 정도로 응대를 하는 것이 좋다. 듣기는 경청이지 순종을 뜻하는 것은 아니다.

보고할 때는 몸통 먼저

상사의 입장에서 가장 답답한 것 중의 하나가 있는데 그것은 바로 서론이 장황한 부하 직원의 보고 방식이다. 상사가 가장 궁금한 것은 결론, "그래서 어떻게 되었는데……."이다. 이것도 모르고 부하는 자신이 거래처를 개척한 것에서부터 거래처 직원을 설득하게 된 동기와 과정 등을 목청 높여 이야기한다. 상사는 "그래서, 그래서"만을 연발하게 된다. 이때 상사는 부하의 심정을 조금은 헤아려 주면서 이렇게 대화를 건넬 수 있다.

"정 대리, 고생 많았군요. 경쟁사보다 우리가 먼저 제안한 것은 보고를 잘 하는 부하는 상사가 궁금해 하는 ‘몸통 먼저’ 보고를 하고 깃털을 부연하는 방식으로 한다. 다시 말하면 핵심 내용은 앞에 보충 내용은 뒤에 붙인다. 따라서 부하는 과거의 사실과 현재의 판단은 짧게 이야기하고, 미래의 대안 중심으로 보고를 하면 상사를 만족시킬 수 있다.

부하의 마음을 여는 상사의 기술

자신의 상사보다는 부하와의 대화가 더 어렵다고 흔히 이야기한다. 대화의 성공 여부는 질문에 달려 있다고 하여도 과언이 아니다. 아랫사람이라고 하여 아무 말이나 생각 없이 하면 오히려 마음을 닫아 버릴 수 있다. 부하와의 대화에도 듣는 이의 마음을 고려하여 전략적으로 질문을 준비할 필요가 있다.

먼저 부하를 편안하게 할 수 있는 정답이 없는 개방형 질문을 준비하는 것이 좋다. 그리고 부하의 마음을 열 수 있는 편안한 공간에서 상사 자신의 표정도 경직되지 않도록 하여야 한다. 무엇보다 중요한 것은 형식적으로 대화하는 것이 아니

라 부하의 말에 적극적으로 공감하고 있다는 반응을 보여 주
야 한다. 여기서 잊지 말아야 할 것은 부하가 대화를 주도적
으로 이끌 수 있도록 하여야 한다. 부하가 자신의 속내를 많
이 드러낼 수 있도록 하는 것이 필요하다. 대화를 마칠 즈음
에는 부하 직원과의 다음 대화를 기약하며 그때는 더 유익하
고 재미있는 대화를 할 수 있다고 기대하도록 한다.

"정 대리와 오늘 대화는 정말 기억에 남을 거야. 정 대리가 그
렇게 힘들어 하는 줄 몰랐네. 내 도움이 필요하면 언제든지
편하게 말해 줘요. 우리 언제 또 만날까?"

부하가 먼저 말하게 한다

상사는 본래 부하에게 하고 싶은 이야기가 많은 법이다. 왜냐하면 부하보다 경험이 많기 때문에 자신이 범한 업무상 오류나 시행착오를 겪지 않게 하고 싶기 때문이다. 그래서 회사 내의 각종 회의 때에는 부하보다 상사들의 발언이 많아진다.

"훌륭한 리더는 자신이 하고 싶은 말을 다른 사람의 입을 통해서 한다."는 말이 있다.

부서 내 업무 보고 때, 부서장이 먼저 결론을 말해 버리면 부하는 더 이상 할 말이 없다. 이때는 아랫사람부터 한마디씩 의견을 내고 부서장이 간단하게 마무리하는 것이 좋다. 이렇게 하면 이미 상사가 하고 싶은 이야기 80%는 부하가 앞에서 언급을 한다. 가령 새로운 프로젝트 진행으로 업무 시간이 부족하여 휴일에도 근무를 하여야 하는 상황에서 상사가 먼저 휴일 출근을 강요할 필요는 없다. 이때 상사는 부하 직원의 의견을 먼저 듣는다. 부하들도 상황 판단을 제대로 할 수 있다. 대부분의 부하들 입에서 휴일 출근은 당연하다는 의견이 나오고 더불어 각오까지 듣게 될 것이다. 괜히 상사가 먼저 이야기해서 부하들로부터 인심을 잃고 스스로 일할 수 있는 부서 내 분위기를 수동적으로 만들 필요는 없다.

부하에게 할 수 있다는 믿음을 심어 준다

사람은 믿는 만큼 된다고 하였다. 부하 역시 믿는 만큼 성장한다.

상사 중에는 간혹 자신의 손을 거치지 않고는 직성이 풀리지 않는 사람이 있다. 일을 부하에게 맡기고 난 후에도 안절부절 수시로 점검하고 확인하는 상사. 이런 상사 밑에 있는 부하는 일의 의존도가 높아질 수밖에 없다. 스스로 처리할 수 있는 일도 매번 상사에게 확인받아서 진행하게 된다.

부하의 업무 능력을 성장시켜 주고 싶다면 부하를 믿는 일부터 하여야 한다. 물론 상사의 입장에서 보면 "믿음을 먼저 주어야 신뢰하죠."라고 할 수 있지만 조건 없이 믿고 일을 맡기면 부하는 더 책임감을 가지게 되고 부족한 부분은 다른 사람에게 협조해서라도 그 일을 멋지게 완수해 낼 것이다. 물론 이때 잊지 말아야 할 것은 일의 경중을 가려서 부하에게 일을 배분하는 것이 중요하다.

믿음은 태산도 옮길 수 있는 '힘'이 있다. 지금부터 부하에게 이렇게 이야기해 본다.

"배 차장은 이번 일을 꼭 해낼 수 있다고 믿어요. 최선을 다해 주세요."
"전적으로 이 대리에게 맡기는 거예요. 큰 성과를 기대해 볼게요."

이렇게 상사가 자신을 굳게 믿고 있다고 생각하면 정말 신바람 나서 일할 수 있다. 앉으나 서나 자나 깨나 이번 프로젝트의 목표를 향해 매진하리라 기대한다.

업무 보고는 타이밍이 중요하다

보고에는 일일 업무 보고, 주간 보고, 월간 보고, 수시 보고 등 여러 가지가 있다. 이 중에서 타이밍이 가장 중요한 것은 수시 보고이다. 거래처와 점심 약속이 되어 있는 김 주임은 자신의 직속 상사에게 외근 보고를 하고 오전 10시에 나간다. 점심시간이 지나고 오후 3시가 되었는데도 연락도 없이 돌아오지 않는다. 이런 경우 상사는 부하를 마냥 기다린다는 것은 쉬운 일이 아니다.

부하는 외출 시 상사에게 대략 돌아오는 시간까지 보고하고 만약 사정이 생겨 늦을 경우에는 즉시 상사에게 연락을 취하여 안심을 시키도록 한다.

"최 팀장님, 식사 후에 연구소까지 방문하고 들어갈 것 같은데
요. 3시 전후가 될 듯합니다."

이때 전화를 걸어 직접 통화하는 것이 가장 좋다. 상사가
부재중이거나 전화 연결이 안 되면 문자 메시지를 통해 사정
을 이야기한다. 가급적이면 다른 사람을 통해서 상황을 전달
하는 것은 피하는 것이 좋다. 왜냐하면 이유는 여러 가지가
있겠지만 일단 전달 과정에서 오해가 생길 수도 있고 상사와
전화 연결이 안 된 상황은 모른 채 다른 사람을 시켜 전달하
는 부하에게 무례하다고 생각할 수도 있기 때문이다.

칭찬은 꼭 집어서 해야 제 맛

칭찬을 받는 것은 누구에게나 기쁘고 신나는 일이다. 하지만 칭찬하는 방법이 잘못되었을 경우에는 도리어 역효과가 날 수도 있다. 가령 두루뭉술하게 칭찬하는 경우가 있다.

"배 차장, 지난번 프리젠테이션은 그런대로 괜찮았어."
"전 주임의 이번 기획안은 훌륭해."

부하는 상사로부터 이런 말을 들으면 기분이 나쁘지는 않겠지만 상사에 대해 성의가 없다는 생각을 하게 된다. 그리고 상사가 자신에게 형식적인 칭찬을 하였다고 느끼게 된다. 칭찬은 의도적이든 아니든 부하에게 격려가 되고 힘이 나게 하여야 한다.

이때 부하는 칭찬을 받아서 기쁘고, 상사가 자신에게 관심도가 높으며, 무엇보다도 자신에 대한 상사의 애정까지 느껴지므로 더 큰 에너지를 가지게 된다. 부하는 상사에게 제대로 평가받고 싶어 하는 심리가 있다. 상사는 부하에 대한 애정을 구체적으로 표현할 필요가 있다. 이처럼 적극적이고 구체적으로 칭찬하는 것은 그렇지 않을 때보다 효과가 배가될 수 있다.

상처를 주는 말이 앙금으로 남는다

상사가 가장 싫어하는 부하의 행동 가운데 하나는 똑같은 이야기를 계속 반복하게 하는 것이다. 이는 같은 실수를 매번 반복하는 경우이다. 이때 상사는 큰소리를 내게 된다. 때로는 모욕적인 언사를 퍼부을 수도 있다.

(가) "이 대리, 이 사진과 저 사진을 교체해 주겠어요?"
(나) "이 대리, 이 사진과 저 사진을 교체하라고 했는데 안 되었네요."
(다) "이 대리, 이 사진과 저 사진을 교체하라고 몇 번을 이야기하죠?"
(라) "이 대리는 도대체 어떻게 된 사람이야? 시키는 것도 제대로 못하고."
(마) "이 대리, 안 되겠구만. 팀원들에게 부끄럽지도 않아? 정신

위의 예는 상사의 인내심을 테스트하는 이 대리에게 하는 말의 여러 유형이다. 직장에서 상사가 (가)로 지시를 내리면 대부분의 부하는 업무를 수행한다. 간혹 실수를 할 수 있다는 것을 가정했을 때 (나)까지의 지시를 내릴 수 있다. 하지만 (다), (라), (마)까지 가게 되는 부하 직원이 있다면 이는 문제가 된다.

부하 입장에서는 지시에 따르지 못한 여러 이유가 있겠지만 상사의 눈으로 보면 부하의 모든 이유는 핑계밖에 안 된다. 부하는 상사가 지시하는 것을 메모하여 확인 처리하는 습관을 기르고 반드시 일이 해결되었음을 상사에게 보고한다.

상사는 (라), (마)의 발언이 부하의 자존심에 상처가 될 수 있음을 기억하고 최대한 자제하여 다음과 같이 말을 건넨다.

"이 대리, 내가 사진 교체하라고 한 것 기억하죠? 내가 세 번 정도 이야기한 것 같은데 처리가 안 된 것에 무슨 특별한 이유가 있나요? 아니면 잊고 있었나요? 나는 이 대리가 그 일을 잘 할 수 있다고 믿어서 시킨 것인데요. 다시 할 수 있겠어요? 다음부터는 이런 일이 반복되지 않도록 신경을 많이 써 주세요.”

상사는 화내지 않아 기분 덜 상하고 부하는 죄송한 마음과 함께 자신의 상사를 달리 보게 된다. 화를 내거나 우격다짐으로 부하를 다스리는 시대는 지났다. 낮은 목소리로 유연하게 질책하는 것이 더 효과적이다.

잘못된 업무 분담은 부하의 사기를 저하시킨다

조직 내 업무 수행 중에 계획과 역할 분담을 하게 된다. 이때 업무 계획과 업무의 양, 그리고 역할 분담을 상사가 일방적으로 결정하여 하향 전달하는 방식이 있고, 팀원들이 계획하고 분담하여 결과물을 상사에게 보고하는 상향식 업무 방식이 있다. 이들은 크게 부하의 자주성을 키워 주느냐 아니냐의 차이가 있다.

상사가 하향식으로 업무의 양을 지정하고 역할 분담을 하여 주는 경우의 예를 보면 다음과 같다.

"김 차장은 최근 5년간의 자료 조사를 하고 이 대리는 연간 온

이처럼 일방적인 상사의 지시에 의한 일을 맡다 보면 업무
의 효율이 떨어질 뿐만 아니라 자신의 일만 빨리 끝내면 된다
는 생각을 하게 된다. 조직 내에서는 무엇보다도 팀워크를 발
휘하여 업무 효율을 높이는 것이 중요한데 이를 간과한 지시
이며 업무 방식이다. 이런 경우에 현명한 상사라면 이렇게 지
시할 것이다.

"이번 프로젝트는 ○○온라인 홍보계획안을 세우는 것입니다.
우리 팀원들 모두 합심하여 업무량을 조정하고 잘할 수 있는
사람에게 업무를 배분하면 좋겠습니다. 그럼, 우리 팀의 선임
차장인 김 차장께서 사회를 맡아서 진행해 주시고 여러분은
좋은 의견을 주세요."

상사가 이끔하고 빠지면 나머지 진행은 선임 차장이 할 것
이고, 각자 잘할 수 있는 일, 하고 싶은 일을 배분하여 역할
분장을 마칠 수 있다. 이때 선임 차장이 진행하는 것을 꺼리
면 "누가 진행을 맡아서 할까요?"라고 의견을 물어 사회자를
정할 수 있다. 일방적인 진행보다 때로는 시간이 더 소요될

수 있어도 부하의 사기나 의욕의 정도, 그리고 업무의 결과는
생각했던 것보다 크게 차이가 난다. 또한 부하들의 책임감이
나 성취도도 높아진다.

화를 내기보다는 대안을 찾게 한다

직장에서 부하 직원은 간혹 실수를 저지를 때가 있다. 그것이 금전적으로 연관이 있을 때도 있고, 때로는 기업의 이미지에 상처를 주는 결과를 낳을 때도 있다. 이때 부하 직원으로부터 '그래서 어떻게 할 것인가'에 대한 부분, 즉 '대안'을 찾게 하여야 한다. 소리치고 야단치어 보았자 한번 엎어진 물을 다시 담을 수는 없다. 상사는 냉정을 찾고 앞으로의 일이 더 중요하다는 메시지를 전달한다.

"전 주임이 한 일이 어떤 상황을 만들었는 줄 아나요? 물론 일부러 그런 것은 아니겠지만 다음에 또 이런 일이 반복되면 안 되니 대안을 찾아보도록 하세요."

진심 어린 격려를 한다

상사는 부하 직원이 처한 상황에 따라 적합한 말을 건네야 한다. 연일 계속되는 업무 과중으로 야근을 하는 부하 직원에게 따뜻한 말 한마디, "고생이 많네, 건강도 생각하면서 해야지?"라고 말하면 '상사가 내 건강까지 신경 쓰는구나'라고 생각함과 동시에 '기대에 어긋나지 않도록 해야지'라는 결심까지 더하게 된다.

반대로 "오늘 또 야근이야? 빨리빨리 하고 가세요."라고 상사가 툭 던지듯 이야기하면 "아니, 누군 야근을 하고 싶어서 하나?"라고 부하의 볼멘소리를 들을 것이다. 물론 상사의 귀에는 들리지 않겠지만 말이다. 상사도 부하 직원과 똑같다는

심정으로 진심 어린 격려를 하여 주지는 못할망정 의욕 떨어
지는 소리를 하면 안 된다. 다음과 같이 사기 진작과 의욕 상
승에 도움이 되는 말을 하도록 한다.

"정말 고생이 많군요. 뭐 간식 좀 사다 줄까요?"
"밥 챙겨 먹으면서 해요. 건강 상하니까!"
"이렇게 열심히 일하는데 꼭 좋은 성과가 있을 거예요."
"난 여러분이 있어서 든든합니다. 파이팅!"

공로는 팀원 전체에게 돌린다

아이디어 회의를 할 때 전체의 맥을 파악하고 있는 상사의 머리에서 중요한 내용이 정리되는 경우가 있다. 이런 상황에서도 상사는 "여러분이 한 이야기가 실마리가 되어 핵심을 정리할 수 있었습니다."라고 공로를 공개적으로 팀원에게 돌리는 것이 필요하다. 이때 부하들이 의기소침해 있거나 사기가 떨어져 있는 상태라면 그 효과는 더 크다.

"이번 제작안은 여러분의 아이디어 하나하나로 완성되었습니다. 이 안을 중심으로 멋진 작품을 만들어 봅시다."

부하는 더 적극적으로 제작물의 완성도를 높이기 위하여 노력할 것이고 의욕도 배가된다. 만약 그 반대의 상사라면 경우는 이렇다.

“이번 제작안은 결정적인 핵심어를 내가 던져 주었으니 나머지는 여러분께서 잘 정리하세요.”

정말 듣는 부하는 맥 빠지는 일이고 팀의 사기 또한 땅으로 떨어질 것이 뻔하다. 어차피 부하가 잘해서 전체 결과물이 좋으면 모두 팀 경영을 잘한 상사의 성과가 되는 것은 당연하다. 부하의 사기를 북돋워 주는 상사의 노련한 한마디는 일의 과정과 결과물이 크게 달라진다.

과중한 업무도 즐겁게 하도록 한다

직장 내에서는 종종 업무가 집중되어 처리할 수 있는 한계가 넘는 경우가 있다. 이를 흔히 "과부하가 걸렸다."라고 이야기하는데 이런 경우에도 상사는 부하를 독려하여 일을 완수하여야 할 때가 있다. 야근이 반복되고 철야로 이어지면서 업무 효율이 떨어지는 것을 경험하게 된다. 이때 정신을 똑바로 차리고 진두지휘하여야 하는 사람은 상사이다.

"여러분 많이 힘든 것 압니다. 이번 일은 누구보다도 여러분이 잘 해내리라 믿습니다. 우리는 꼭 1등을 할 수 있다고 확신합니다."

상사의 확신에 찬 한마디는 부하에게 용기가 되고 20~30%

이상씩 더 실력 발휘를 하게 된다. 이에 덧붙여 당근까지 줄 수 있는 말을 덧붙인다면 금상첨화이다.

성과금과 휴가 일정은 막연하게 말하는 것보다 구체적으로 제시하면 더 효과가 좋다. 부하는 자연스럽게 의욕이 생길 것이고, 서로서로 기운을 북돋워 줄 수 있는 분위기가 마련된다. 결국 상사의 확신 어린 한마디가 부하의 열정에 불을 붙이는 셈이다.

조직 감정과 개인 감정을 분리하기

부하를 대할 때 어떤 경우에는 화가 머리끝까지 치밀어서 냉정을 잃고 마는 일이 생긴다. 화가 날 때는 일단 즉시 불러서 이야기하지 말고 마음속으로 한번 더 할 말을 생각한다. 즉각 불러서 이야기할 경우에는 열이면 여덟 혹은 아홉은 후회가 따른다. 왜냐하면 상사도 감정을 가진 인간이라 부하가 이해하도록 질책하는 일은 쉽지 않아 화가 폭발할 수도 있기 때문이다.

매번 아침 조회에 빠지거나 지각하는 부하가 있다. 몇 번 주의를 주어도 고치지 못하고 늦으면 늦는다고 연락도 없다. 이런 경우에 상사는 어떻게 하여야 할까?

(가)처럼 이야기하는 상사는 억양의 차이가 있다고 하더라도 일단 기분이 상하게 마련이다. (나)의 경우에는 개인적으로는 좋은 감정이면서 조직 내에서도 부하로서 아끼고 있다는 의미를 주고 있다. (나)처럼 이야기하고 나서 반드시 언급하여야 할 말이 있다.

“하 대리, 다음부터는 늦지 않을 수 있죠? 내가 늘 지켜보겠어요.”

이처럼 상사에게 질책하는 말을 들은 하 대리는 기분이 크게 상하지 않으면서 다음부터 늦지 않으리라는 다짐까지 하게 된다.

경청은 귀로 하는 게 아니라 마음으로 한다

상사가 이야기할 때는 반드시 상사를 응시한다. 응시는 눈으로 하는 것이 아니고 마음으로 하여야 한다. 이 말의 뜻은 상사가 말하려는 의도를 정확히 파악하고 적극적으로 이해하려고 하여야 한다는 뜻이다. 상사가 이야기하는데 딴청을 피우거나 다른 곳을 쳐다보는 것은 예의가 아니다. 또한 '상사가 또 무슨 일을 시키려고 나를 부르나', '어떻게 빠져나가야 할까'라고 부정적으로 생각한다면 상사는 단번에 알아차린다.

상사의 말을 잘 경청하는 것도 중요하지만 이때 표정 또한 중요하다. 대답은 '네 네' 하는데 얼굴은 무표정이거나 인상을 찌푸리는 것도 바른 태도가 아니다. '응시·경청·밝은 표정'의 3가지가 조화를 이루어야 비로소 상사의 말을 잘 들었다고 할 수 있다. 이는 어디까지나 상사를 향하는 마음과 업무를 대하는 근본 태도에서 오는 것이다.

상사에게 사랑받는 일, 부하에게 존경받는 일. 결코 말처럼 쉬운 일이 아니다. 쉽지 않기 때문에 그냥 얻어지는 것도 아니다. 서로 배려하며 아끼며 용기를 주는 말 한마디, 믿음을 주는 말 한마디로 더불어 살아야 한다.

부하가 상사의 눈치를 보는 시대는 지났다. 상사가 부하를 제압하는 시대도 끝났다. 상사와 부하는 오로지 조직 내 생명 공동체일 뿐이다. 부하를 살려야 상사가 살고, 상사를 세워 주어야 부하가 산다.

07 | 존경과 사랑으로 엮어 가는 신뢰 관계

교사의 말 한마디는 문제가 많은 학생을 모범생으로 변화시키기도 하고,
절망하는 학생에게 용기와 희망을 주기도 한다.
교사의 말 한마디는 천금의 무게를 가진다.

사랑하고 존경하는 사이

요즈음 세상에는 존경할 만한 스승이 없고 신뢰할 만한 제자가 없다는 자조적인 담론이 유행하고 있어 참으로 안타깝다. 스승과 제자의 관계는 존경과 사랑으로 엮어 가는 영원한 신뢰 관계가 되어야 교육의 효과가 있다.

이 글의 목적은 스승과 제자에 필요한 정칙 화법을 제시하는 것이다. 여기에서 사용한 '정칙 화법'이란 용어는 '변칙 화법'에 대응하는 용어로서 위기 상황이나 곤란한 상황을 타개하거나 회피하기 위해서 사용하는 궤변(詭辯)이나 괴변(怪辯), 소변(笑辯), 변명(辨明), 굉변(宏辯) 따위의 임기응변에 관한 기능이 아닌 원론적인 화법을 지칭하는 용어이다.

이주행 외(2003)에서는 교육과 교사에 관하여 다음과 같이 언급하고 있다.

위에서 볼 수 있듯이 교육 역할과 더불어 교육의 공급자인 교사를 포함한 모든 스승의 역할은 매우 중요하고, 또 그 중요성은 아무리 강조해도 지나침이 없을 것이다.

스승과 제자 사이의 화법에 관하여 고찰하고자 할 때는 상호 간의 연령, 세대, 성격, 입장, 대화 상황, 대화 목적, 대화 장소 등의 각종 변인들을 모두 고려해야 되겠지만 여기에서는 그러한 변인들에 구애받지 않고 인간이 두루 갖고 있는 보편성에 입각해서 두루 통용될 수 있는 원론적이고도 기본적인 화법에 관하여 살펴보고자 한다.

먼저 생각부터 바꾸기

스승의 입장에서는 "이 세상에 유능한 제자나 무능한 제자는 없다. 다만 유능한 스승이나 무능한 스승이 있을 뿐이다."라고 생각하면 된다. 반면에 제자의 입장에서는 "이 세상에 유능한 스승이나 무능한 스승은 없다. 다만 유능한 제자나 무능한 제자가 있을 뿐이다."라고 생각하면 된다. 이렇게 생각을 바꾸면 모든 문제는 간단해진다.

스승은 자신을 자꾸만 낮추려고 노력하고, 제자는 스승을 자꾸만 높이려고 노력하면 사제지간의 모든 문제는 생기지도 않고, 어쩌다가 생긴 문제가 있다고 할지라도 금방 자동적으로 순조롭게 해결되게 마련이다.

　　스승과 제자 간의 관계를 최량의 관계로 만들기를 원한다면 지금 당장 스승과 제자 모두 마인드를 바꿔야 한다.

열린 대화법을 사용하기

스승이 제자와 성공적인 대화를 나누기 위해서는 스승이 열린 대화법과 더불어 순기능적 의사소통 방식을 사용하여야 한다. 열린 대화법은 스승과 제자가 상호 간에 아무런 제한이나 억압도 받지 않고 자유롭게 생각이나 감정을 표현할 수 있도록 마음의 문을 열어 놓고 대화를 나누는 방식을 말한다.

순기능적 의사소통 방법은 일치형 의사소통 방법과 같은 것이다. 이것은 의사소통의 내용과 내면의 감정이 일치하는 것을 말한다. 이것의 목적은 다른 사람이나 상황을 조정하거나, 자신을 방어하는 데 있는 것이 아니라, 다른 사람과 의미 있는 관계를 맺는 데 있다.

일반적으로 사람은 자기가 지각한 것을 기초로 타인의 의도를 추론하거나 가정하기 쉽다. 흔히 자신의 과거 경험과 사고의 틀에 근거하고 타인의 말, 감정 표현 등에서 단서를 얻어 가정하게 된다. 그런데 사람은 표현 방법과 지각에 있어 개인차가 있기 때문에 자신의 사고틀에서 해석하게 되는 경우에 오류가 생길 수 있다. 이처럼 상대방의 언어적·비언어적 메시지의 의미를 직접 확인하여 보지 않고 자기 나름대로 지각한 것에 기초하여 가정하기 때문에 타인을 오해할 확률이 커질 뿐 아니라 이와 관련하여 특정한 감정도 가지게 된다. 그러므로 상대방의 말이 어떤 의도이었는지를 알기 위해 '의미 확인하기'를 하여야 한다. 이 기법을 사용함으로써 자신의 의도를 상대방에게 정확히 전달하고, 상대방이 한 말의 의미를 정확히 파악하게 된다. 그리하여 결과적으로 언행이 일치되고, 의도와 표현이 일치된 의사소통을 하게 된다.

순기능적으로 의사소통을 하는 사람은 자신에게 자유로우며, 다른 사람을 자유롭게 수용하고, 자신과 다른 사람을 사랑하며, 변화에 대하여 융통성이 있고, 개방적이다. 따라서 스승이 제자에게 말할 적에는 항상 개방형 대화법으로 대화를 하여야 제자에게 상처를 주지 않고 행복 지수를 높여 줄 수 있다.

필요한 사람에게 필요한 만큼만 말하기

대화를 효과적으로 하려면 대화의 격률을 지키면서 대화를 하여야 한다. 대화의 격률에는 양의 격률, 질의 격률, 시간의 격률, 장소의 격률, 태도의 격률 등이 있다. 우리가 말을 할 때는 '필요한 사람에게, 필요한 시간에, 필요한 장소에서, 필요한 말을, 필요한 만큼만' 하여야 한다. 이 격률이 무시된다면 인간관계에 손상이 초래될 수가 있고, 문제를 해결하자고 한 말이 심각한 문제를 일으킬 수도 있다. "병은 입을 따라 들어오고, 화는 입을 따라 나간다(病從口入 禍從口出)."라는 옛말은 오늘날에도 결코 헛말이 아니다.

스승과 제자 사이의 대화에서도 이 격률은 반드시 지켜져야

한다. 특히 존경받는 스승, 사랑 받는 제자가 되기 위해서는
이러한 격률을 반드시 지키면서 말할 필요가 있다.

좋은 상표 붙이기

스승이 제자와 대화를 할 적에 상표 화법(label speech)*으로 말하면 효과가 있다. 상표 화법이란 말하는 이가 '자기' 또는 '상대방'에게 '좋은 상표' 또는 '나쁜 상표'를 붙여서 말을 하는 것이다. 이것은 상대방의 기대 심리·보상 심리·자존심·우월감·명예욕·도덕성 등을 은근히 자극함으로써 상대방의 경계심을 누그러뜨리는 동시에 만족감·믿음·용기·희망 따위를 갖게 하여 말하는 이의 요구나 기대 심리를 저버리지 않고, 말하는 이가 붙여 준 상표에 어울리는

---

* 여기에서 말하는 상표 화법은 명명법, 네이밍 기법 등과 유사한 수사법이라고 보아도 무방할 것이다.

상품이 되기 위해서 노력하거나 협조하도록 유도하는 책략적 화법이다.

(가) ○○는 정말 참으로 지혜롭구나. 그리고 매사에 성실하고 적극적으로 노력하는 자세까지 갖추고 있으니 참으로 대견스럽구나. 장차 크게 될 친구로구나!

(나) 나는 당신처럼 자기 아내를 사랑하고, 가정을 생각하고, 늘 자상하고 친절하고 예의 바르고, 또 직장일도 열심히 하는 남편을 만나게 된 것을 큰 행운으로 생각하고 있어요.

(다) 국민 여러분께서 저를 대통령으로 뽑아 주신다면 저는 이 경제 문제를 2년 안에 완전히 해결해서 국민 여러분께서 마음 푹 놓으시고 잘 살 수 있는 세상을 만들겠습니다.

(라) 어느 세일즈맨이 "사모님, 이 제품은 방금 사모님께서 지적하신 종래 의 취약점을 완전히 새롭게 보강한 신개발품입니다. 정말 자신 있게 권해 드릴 수 있는 획기적인 상품입니다."

(마) 아빠가 자기의 어린 딸에게 "○○○야! 넌 언제나 부모님 말씀을 잘 듣고, 공부 또한 잘하고, 마음씨도 착하고, 얼굴도 어쩌면 요렇게 예쁘게 생겼을까? 우리 ○○이는 정말 천사표야!"

(가)는 교사가 학생에게, (나)는 아내가 남편에게, (다)는 대통령 후보자가 유권자인 국민에게, (라)는 판매원이 구매자에게, (마)는 아빠가 어린 딸에게, 각각 좋은 이미지를 갖게 하

기 위해서 '상표 화법'으로 말한 것이다.

상표 화법은 칭찬 화법보다 의미상 좀 더 적극적인 표현 방법이다. 칭찬은 나타난 모습, 나타난 과정, 나타난 속성이나 자질 등을 칭송하는 방식이지만 상표 화법은 '붙여진 상표=사람 그 자체'라고 명명하는 방식이기 때문에 매우 적극적인 표현 방법이다.

'상표 화법'은 말하는 이가 자기든 듣는 이든 제3자든 누구든 관계없이 '좋은 상표'를 붙여서 말하게 되면 '좋은 상품'이 되고, '나쁜 상표'**를 붙여서 말하면 '나쁜 상품'이 된다는 심리학적 사실에 바탕을 둔 화법을 말한다. 것이다. 따라서 스승은 세사에게 '나쁜 상표'는 붙이지 않고, '좋은 상표'를 많이 붙여 적극 활용하여야 한다.

<hr>

** 정확한 근거가 있든 없든, 아무개는 '빨갱이'라든가, 아무개는 '동성 연애자라더라', 아무개는 '변태라더라' 하는 식으로 '나쁜 상표'를 붙여 놓으면, 좀처럼 그 상표가 떨어지지 않는 것을 볼 수 있는데 이 경우도 상표 화법의 실례라고 볼 수 있다.

짧고 간단하게 말하기

스승이 제자에게 조언을 할 적에는 짧게 간단히 말하는 것이 효과적이다.

현대인의 머리는 온갖 정보로 넘친다. 그래서 현대인은 남녀노소를 불문하고 아무리 재미있는 말이라도 길면 싫어한다. 스승이 장광설을 늘어놓으면 제자는 싫증을 내게 된다. 그냥 싫어하는 정도가 아니라 "짜증난다."고 소리치면서 거부 반응을 직접적으로 표출한다. 그럼에도 불구하고 스승은 제자를 만날 때마다 가르치고 싶은 욕구와 노파심 등이 강력하게 작용하게 마련이기 때문에 꼭 전해 주고 싶은 이야기들이 참으로 많은 법이다. 그래서 스승은 자신도 모르는 사이에 장황한 이야기를 쏟아 내는 것이다.

스승은 제자와 대화를 나눌 때 자기를 적극 통제해서 가능한 한 짧고 간단하게 표현하는 방법을 체질화하여야 한다. 장광설이나 다변에 조금도 미련을 가질 필요가 없다. 조언은 짧으면 짧을수록 매력적인 법이다.

예화를 들어 재미있게 말하기

스승이 제자에게 무엇인가를 가르치고 설명할 때는 EOB 화법을 사용하면 좋다. 'EOB'란 'Example, Outline, Benefit'의 첫 글자를 따서 만든 용어이다. 이 EOB 화법은 3단계로 내용을 조직해서 사용하면 된다(장철진, 1988).

1단계 : Example – 예화를 제시한다

제1단계는 도입 단계로서 말하는 이가 이야기하고자 하는 주제에 알맞은 예화를 제시한다. 이때 사용하는 예화는 자신의 체험담이나 타인의 경험담, 또는 신화·전설·민담 등의 설화, 무슨 사건이나 일화 따위도 좋고 의도적으로 꾸며진 이야기라도 좋다. 다만 주제와 긴밀한 연관성·시사성 등이 있어야 한다. 그리고 듣는 이가 흥미를 가질 수 있는 것, 감동을 느낄 수 있는 것이어야 한다. 이때 예화의 양적 비중은 해당 부분의 전체 이야기의 길이의 70~80% 정도가 좋다.

2단계 : Outline – 요점이나 핵심 등 개요 제시 단계

제2단계는 Outline 단계로서 제1단계에서 제시한 예화의 요점이나 핵심이 무엇인지를 간략하게 언급하는 단계이다. 이 단계에서는 긴 분량을 할애할 필요는 없다. 다만 결론을 제시하기에 앞서 듣는 이의 이해를 돕기 위하여 제시한 예화의 요점이나 핵심을 정리해 주는 정도로 하되, 양적으로 볼 때 전체 이야기의 10~15% 정도로 하면 된다.

3단계 : Benefit – 교훈이나 가치, 시사점 등을 강조하면서 결론을 제시하는 단계

제3단계에서는 앞에서 제시한 예화가 시사하는 바가 무엇인지, 즉 어떤 교훈이나 가치, 이점 등이 있는지를 밝히면서 듣는 이의 변화나 협조 등 행동을 촉구하는 방식으로 해서 결론을 제시하는 방식을 취한다. 이 단계는 양적으로 볼 때 전체 이야기의 5~10% 정도로 배정하면 된다. 중언부언하면 깔끔한 인상과 여운을 줄 수 없게 되므로 짧고 간단히 명료하게 마무리한다.

긍정의 화법 구사하기

역사의 수레바퀴는 긍정적인 사고방식을 가지고 진취적으로 행동하는 사람들이 끌고 가게 마련이다. 긍정적인 사고방식을 갖지 못한 사람, 즉 부정적인 사고방식을 가진 사람은 매사에 불평불만이 많고, 패배주의적이고, 부정적인 말과 부정적인 행동을 하게 마련이다. 스승이 부정적인 사람이라면 제자도 그런 영향을 받게 되기 때문에 참으로 바람직하지 못하다. 따라서 스승은 모름지기 긍정적인 사고방식을 가지고, 긍정적인 말과 긍정적인 행동을 하여야 한다.

성경에 보면 긍정적인 말이 얼마나 중요한가를 보여 주는 사례가 있다.

이스라엘이 가나안 땅 정복을 앞두고 12명의 정탐꾼을 보내었다. 그런데 정탐을 마치고 돌아온 사람들은 두 부류로 나뉘었다. 10명은 여러 여건이 정복하기 힘들다는 부정적인 보고였고, 2명은 정복할 만한 좋은 땅이라는 긍정적인 보고였다. 그러자 하나님은 부정적인 화법을 사용해서 가나안 땅에 대한 정탐 결과를 보고한 10명의 정탐꾼을 즉각 죽이고, 부정적인 화법에 영향을 받아 부화뇌동한 제1세대 이스라엘 백성 60만 명의 성인을 끝내 가나안 땅에 들어가지 못하게 하시었다. 가나안 땅에 들어간 사람은 긍정적 화법을 사용한 정탐꾼 2명과 제1세대 60만 명의 후손들이었다.

긍정적인 화법은 적극적인 사고방식, 그리고 사람의 장점을 보려는 태도에서 비롯된다.

학생	선생님, 달리기 또 해요?
교사	저런, 달리기하기가 싫은 모양이구나.
학생	만날 달리기만 하잖아요. 난 달리기 싫어요. 달리기 하지 않을 거예요.
교사	왜, 달리기가 싫은 특별한 이유라도 있니?
학생	달리기 하면 난 늘 꼴등하잖아요. 기훈이는 언제나 1등 한다고 좋아하지만요.
교사	응, 꼴등하면 기분이 나쁘지. 그럼 무얼 하면 좋겠니?
학생	피구요. 피구가 재미있어요.

학생이 학습 내용에 불평을 할 때 교사는 달리기의 중요성에 대해서 설명하며 설득을 하거나, 교육과정에 따라 공부해야만 하는 거라고 억압적으로 말할 수 있었다. 그러나 교사는 학생이 달리기를 싫어하는 이유를 알고 그 마음을 공감해 준 후에 학생이 가진 장점을 보게 하여 학생으로 하여금 자신에 대한 자존감을 가지도록 하였다. 그 결과 학생은 달리기에 대해서도 거부감이 없이 도전할 마음이 생겼다.

긍정적인 생각에서 나오는 긍정적인 말 한마디는 사람을 성장시킨다. 스승은 그 자신이 먼저 항상 긍정적인 화법을 구사하여야 하고, 또한 제자들에게도 항상 긍정적인 화법을 사용하도록 가르쳐야 한다.

칭찬은 성장을 이끌어 낸다

칭찬 화법은 가장 좋은 조건 강화 방법 가운데 하나이다. 즉 칭찬 화법은 인간관계에서 최고의 접근술인 동시에 용인술인 것이다. 인간관계에서 칭찬 화법을 사용하지 않는다는 것은 죽어라고 일을 시키고 나서 급료를 한 푼도 안 주는 것보다 더욱더 큰 잘못을 저지는 것과 같은 것이다.

칭찬은 진심으로 알맞게 해야 한다. 학생의 자아상에 걸맞지 않은 긍정적인 평가는 오히려 화를 불러일으킨다. 더욱이 학생을 조종하려는 의도를 가지고 칭찬을 하여서는 안 된다.

교사   너 머리가 그게 뭐니. 머리가 너무 길어서 불량스럽

학년이 높아질수록 학생들은 교사의 숨은 의도를 더 빨리 간파한다. 위의 사례에서도 교사가 학생으로 하여금 머리를 단정하게 하려는 시도가 실패하였을 뿐만 아니라 학생과의 관계도 더 나빠졌다.

칭찬은 진정한 이해를 바탕으로 해야 한다. 교사의 칭찬은 학생의 성취에 대한 긍정적인 평가가 바탕이 될 때가 많은데 이때는 구체적인 것을 언급하는 것이 좋다.

교사A의 칭찬은 학생으로 하여금 별다른 성장을 이끌어 내지 못한다. 게다가 만일 학생이 스스로 그림을 못 그렸다고 생각하고 있다면 교사가 건성으로 대답한다거나, 거짓말을 하고 있다고 생각하여 교사에 대한 불신이 생길 것이다. 반면에 교사B의 대응은 색칠이 잘 되었다는 것과 여러 가지 색으로 칠하는 것이 좋은 것이라는 정보를 주어 학생의 성장을 돕고 있다. 또다시 그림을 그릴 때 학생은 칭찬을 기억해 내고 풍부한 색을 사용할 가능성이 많아진다.

교사의 칭찬은 칭찬으로 끝나서는 안 된다. 교사는 구체적인 근거를 들어 학생의 바람직한 성장에 도움이 되는 칭찬을 하여야 한다.

사랑 받는 제자의 자격

자신을 사랑하는 사람은 남을 사랑하고 존경한다. 존경하는 사람에게는 존경하는 마음을 적절한 경어법으로 표현할 줄 알아야 한다. 제자는 스승에게 예절 바른 말로 표현하여야 스승이 그 제자를 사랑할 것이다.

"스승의 그림자도 밟지 않는다."라는 말은 옛말이 된 듯하다. 예전에는 제자에게 존경심에서 우러난 엄격한 거리감을 요구하였다면, 친구같이 친근한 스승상을 선호하는 것이 요즘의 세태다. 하지만 스승과 제자 사이에는 지켜야 할 선이 분명히 있다. 스승은 가르침을 주는 사람이고 제자는 가르침을 받는 사람이기 때문에 스승을 존경하지 않고서는 배울 수 없기 때문이다. 어떠한 상황에서도 제자는 스승에게 예절 바른 언동을 하여야 한다.

　요즈음 학생들은 교사에게 질문을 할 때 "선생님, 한 가지 물어 볼 게 있는데요."라고 말한다. 이런 경우에 '물어' 대신에 '여쭈어'라는 높임말을 사용하여야 우리말의 경어법에 맞는 말이 된다. 학생이 교사와 대화를 나누면서 자기 자신을 지칭할 때 '저'라는 대명사를 사용하지 않고, '나'라는 대명사를 사용하는 것도 경어법에 어긋나는 것이다. 어른 앞에서는 '나'가 아니라 '저'라고 표현하여야 한다.

　학생들 중에는 교사가 조언을 하면 불쾌한 감정을 말이나 표정으로 그대로 드러내는 사람이 있다. 이 역시 경어법에 어긋난 행위이다. 경어법은 음성 언어로만 표현되는 것이 아니라 신체 언어로도 표현된다.

　교사는 예의 바른 언동을 하는 학생을 더욱 사랑한다. 학생은 어떤 상황에서든 스승을 존대하는 언동을 하여야 한다.

스쿼시형 대화법은 폐기 처분감

스쿼시(squash)형은 상대가 하는 말이 불편하게 들릴 때 너그럽게 수용하지 못하고 스쿼시 공처럼 강하게 받아치고 나오는 유형이다. 이런 유형의 사람은 그 성격 자체가 럭비공과 같은 사람이기 때문에 이런 말을 하면 어떤 말로 되받아칠지 몰라서 대화 자체가 안 되는 사람일 뿐만 아니라 기본적인 행동 방향조차도 종잡을 수 없는 경우가 많다. 요즈음 학생들 중에는 교사의 지적이나 충고에 참지 못하고 말대꾸하거나, 불만이나 요구 사항을 이야기할 때 대드는 식으로 이야기를 하는 학생이 많다. 이런 제자를 두게 된 스승은 참으로 화가 나는 법이다.

교사	독후감 숙제를 제출하지 않았구나.
학생	나만 안 낸 게 아니란 말이에요!
교사	그래, 안 낸 사람이 많구나. 오늘 중으로 내야 한다.
학생	지난번에는 열흘이나 시간을 줬잖아요. 왜 이번엔 일주일밖에 안 주는데요?
교사	그건 내가 결정할 일이야. 당장 안 내면 점수 못 받을 줄 알아!

학생은 교사에게 과제 제출 시간을 더 연장시켜 달라고 이야기를 하였다. 다른 사람을 고자질하여 자신의 행위를 정당화하려고 한 첫 번째 시도에 이어, 상대방의 부당함을 논리적으로 따져서 목적을 달성하고자 하였다. 하지만 오히려 상대방을 더 화나게 만들어 자신의 목적을 달성하지 못할 가능성이 더 높아졌다. 교사의 지적에는 솔직하고 겸손하게 대답하는 것이 더 나은 전략이다.

교사	독후감 숙제를 제출하지 않았구나.
학생	예, 죄송합니다. 시간이 없었습니다.
교사	오늘까지 내야 하는데.
학생	선생님, 시간을 좀 더 주시면 안 될까요? 책을 미처 다 못 읽어서요. 지난번엔 열흘간 시간을 주시니까 정성들여 쓸 수 있어서 좋았어요. 다른 아이들도 비

같은 내용을 가지고 이야기를 하였으나 결과는 다르다. 무례한 태도와 말투는 스승에게뿐만 아니라 다른 사람에게도 환영받을 수 없다.

제자는 스승을 보면서 자란다

스승과 제자 사이는 가르침을 주고받는 사이이다. 제자는 스승을 통해 배운다. 스승은 학생이 본받을 언동을 하여야 한다.

교사는 일방적으로 가르치려는 태도로 말을 해서는 안 된다. 학생이 받아들일 준비가 되어 있을 때 비로소 가르침이 효과적으로 전달되기 때문이다. 교사는 학생의 말에 공감적으로 경청하여 학생의 감정과 욕구를 잘 이해할 필요가 있다. 제자는 또한 예의를 갖추어서 말을 하여야 한다. 말은 생각에 영향을 주기 때문이다.

대화하는 법 자체도 배움의 대상이라고 볼 때, 교사가 실제 학생과의 대화에서 먼저 모범을 보여야 한다. 대화법은 실제 대화 과정을 통해 모범을 보이는 사람의 시범을 통해 습득되기 때문이다. 제자는 스승을 보며 자란다.

08 | 고객에게 신뢰 받는 1등 판매원

달콤한 말과 유쾌한 매너로 부드럽게 판매하는 기술을 가져야 한다.

유능한 판매인은 그의 판매 방법도 뛰어나다.

아첨의 말을 멀리하는 데 면역된 사람은 아무도 없다.

인생의 대부분은 확신시키는 대화에 의해서

팔리거나 파는 것으로 채워져 왔다.

이것을 인식하여 말을 단련시키는 것이 모두에게 당면한 과제이다.

적을 대할 때 지혜로운 말은 중상을 입힐 수 있는 창에 대한 방패가 된다.

그 적은 당신의 부드러운 말로 인해 구부러질 것이다.

그러므로 더욱 친절해야 한다. 스스로 부드럽고 친절하도록 노력해야 한다.

—그라시안의 "세상을 보는 지혜"에서

고객이 원하는 것 파악하기

상점에 들어선 고객이 반드시 상품을 사 가지고 가게 하는 비법은 무엇일까?

그 비법 중 하나는 판매원의 말이다. 판매원이 고객의 마음을 사로잡을 수 있는 말을 하려면 무엇보다도 짧은 시간에 고객이 어떤 사람이며, 고객이 사고 싶어 하는 것이 무엇인지를 파악하여야 한다.

한 고객이 휴대폰을 사러 왔다고 가정하여 보자.

"휴대폰 좀 보고 싶은데요."

이때 판매원이 고객에게 어떤 기능을 원하는지, 어떤 디자인을 원하는지조차 물어 보지 않고, 고가의 휴대폰을 보여 주면, 여러분은 어떤 기분이 들겠는가? 물론 신제품에 관심이 많고, 특히 고가의 상품을 좋아하는 고객이라면 판매원의 이런 전략은 판매 성사라는 결과를 가져올 수도 있을 것이다. 하지만 똑똑한 고객이라면 신제품이라고 선호하거나, 고가라고 선호하기보다는 내가 원하는 기능을 지니고 있는지, 내가 원하는 디자인인지를 꼼꼼히 파악하여 물건을 구매하는 경우가 더 많을 것이다. 또 다른 경우를 생각해 보자. 연말에는 특히 자동차를 구입하는 고객이 많다. 여러 절세 혜택이 주어져서이다. 자동차를 구입할 때는 '옵션'이라고 하여 고객이 원하는 기능을 따로 넣어 주는 서비스가 있다. 이때 판매원은 고객에게 무조건 여러 옵션을 넣게 하여 자신의 이득을 먼저 취하는 것이 아니라 고객의 입장에서 진심으로 고객이 원하는 것을 파악하고 말할 수 있어야 한다.

예를 들어 자동차를 구입하는 고객이 깔끔한 내부를 위해 '네비게이션'을 자동차 내부에 장착하는 옵션을 선택했다고 하자. 그렇다면 판매원은 무조건 "탁월한 선택이십니다."라는 말보다는 내부 장착에 따른 장점과 단점을 정확히 말하여 주어야 한다. 최종 선택은 고객이 하는 것이나, 적어도 사소한 부분까지 판매원이 고객을 먼저 배려하고, 고객이 원하는 것을 찾아내어 해결하여 준다면, 그 고객은 다음에도 조언을 친절히 잘 하여 준 판매원을 찾을 것이다.

무조건 비싼 상품만을 팔려고 하거나 무조건 고객이 한 가지라도 더 사게 하기보다는 고객의 마음을 먼저 묻고, 고객의 요구를 파악하여 고객이 물건을 사도록 자연스럽게 유도할 줄 아는 것이 판매의 기본이 아닐까?

상황에 따라 대처하기

고객을 접하다 보면 여러 상황에 처하게 된다. 한 번은 친구와 커피 전문점에 간 적이 있다. 커피를 주문하고 잠시 밖에 나갔다 온 사이에 주문한 커피가 나와 있었다. 그런데 문제는 친구가 주문하면서 커피에 시럽을 넣지 말아 달라는 말을 깜박 잊은 것이다. 이 상황을 주인에게 이야기하였더니 주인은 기꺼이 새로 커피를 만들어 주겠다며 오히려 친구에게 미안하다는 것이 아닌가. 그 후 우리는 그때의 일에 대한 고마움과 미안함에 그 가게를 자주 이용하곤 한다.

내 눈 앞의 당장의 손해만을 생각하기보다는 고객의 만족을 먼저 생각하는 사람이 지혜로운 판매원이 아닐까?

판매원은 서비스의 달인

의사와 변호사들은 보통 사람들이 이해할 수 없는 전문 용어를 사용하여 고객을 대한다. 여기서는 환자들이 수많은 병원 중 자신이 원하는 병원을 선택할 수 있기에 환자 또한 병원 입장에서는 고객이다. 고객들은 이러한 전문 용어를 통해 의사나 변호사에게 신뢰감을 가지게 되는 것이다. 그렇다고 판매원은 이런 의사나 변호사들처럼 남들이 모르는 용어를 사용할 필요는 없다. 이는 그들이 상대하는 환자나 의뢰인의 처지를 고려하지 않는 언어 행위이기 때문이다. 환자나 의뢰인의 처지를 생각하는 환자나 변호인은 어쩔 수 없이 전문 용어를 쓴 뒤에 곧바로 그 용어를 풀어서 말할 것이다.

　판매원은 자신이 파는 상품에 대해서 고객이 무엇을 묻든 친절히 막힘없이 대답할 수 있는 지식을 지니고 있어야 한다. 물론 경쟁사의 유사한 상품에 대해서도 잘 알고 있어야 한다.

　빵집에 가면 형형색색의 예쁜 모양의 빵과 케이크를 접할 수 있다. 그러면 늘 궁금한 것이 어떤 맛일까 하는 것이다. 모양만 보고 골랐다가 낭패를 보는 경우도 있지 않은가. 만약 여러분이 빵집 판매원에게 "이 빵은 무슨 맛인가요?"라고 물었을 때, "저도 안 먹어 봐서 모르겠어요."라고 답한다면 그 빵집을 신뢰하지 않을 것이다.

　얼마 전 나는 이런 일을 직접 겪은 적이 있다. 찾아뵐 분에게 선물할 것을 사기 위해 제과점에 들렀더니 예쁜 모양의 화과가 눈에 띄었다. 맛을 본 적이 없을 뿐 아니라, 안에 무엇이 들었는지도 알지 못하여 판매원에게 무엇이 들었냐고 물었더니 놀랍게도 그는 너무나도 당당하게 "모릅니다."라고 응답하였다. 시간도 없고 난감한 상황이었으나, 다행히 빵을 사러 온 손님 중에 그것을 맛 본 분이 있어 그분의 말을 듣고 그것을 샀다. 그런데 더 놀라운 일은 그 판매원의 태도였다. 판매원은 자신이 파는 상품에 대해 모르는 것이 부끄럽지도 않은 듯해 보였다. 적어도 판매원이라면 손님 한 사람쯤이야 괜찮다는 생각을 하지 않는 것이 좋다. 그런 마음을 가지고 있다면 손님 한 사람이 아닌 열 사람, 백 사람 나아가 많은 고객에게 그런 비전문적인 태도로 대하게 되고, 그에 따라 매출은 줄어 드는 것이다. 파는 상품에 대해서 모르면 판매원은 그 상품에 대해서 잘 알기 위해 노력하여야 한다. 설령 가벼운 아르바이 트로 판매 일을 하는 경우라도 그 일을 하는 동안만큼은 자신 이 파는 것에 대한 기본적인 지식은 알고 있어야 한다. 물론 내가 파는 물건에 대해 자부심과 전문적인 지식을 지니고 있 다면 이보다 더 좋은 것은 없겠지만 말이다.

활기차고 적극적인 모습으로 신뢰를 판다

수십 년 째 세계 양궁을 제패한 우리나라 여자 양궁 선수를 다섯 글자로 줄이면 '활기찬 여자'라고 한다(김진배, 2008). 힘차게 쏜 화살이 과녁에 맞듯 힘차고 활기찬 화법이 고객의 마음을 감동시킨다. 고객이 상품을 살까 말까 망설일 때는 고객의 마음을 감동시킬 수 있는 화법을 구사할 필요가 있다.

대부분의 사람은 백화점에 대해 가격은 조금 비싸도, 품질이나 서비스가 다른 일반 상점보다 나은 곳이라고 생각한다. 그렇다면 무엇이 백화점을 그렇게 생각하게 하는 것일까?

일단 백화점의 점원은 늘 활기차다. 대부분의 백화점에서는 여러 옷을 입어 보고 굳이 구입을 하지 않더라도 판매원이 짜증을 부리거나 화를 내지 않는다. 고객이 "다른 매장 좀 더 둘러보고 올게요."라고 말하고 나오면 기분 좋게 "네, 고객님, 둘러보고 오세요."라고 말한다. 또한 물건을 보여 줄 때도 고객의 취향에 맞을 만한 여러 상품을 꺼내어 보여 주곤 한다. 고객을 위해 적극적으로 세일즈를 하는 것이다.

여러 상품을 만져 보거나 입어 본 뒤에 마음에 드는 상품이 없을 때 상품을 사지 않고 상점을 나오기가 매우 어려운 경우도 있다.

한 번은 백화점에 가서 선물용 넥타이를 구입하여야 할 일이 있었다. 취향을 잘 알지 못하는 사람에게 하는 선물이어서 교환이 쉬운 백화점에서 구입하기로 했다. 마침 그 백화점은 할인 기간이었다. 내가 들어가자 넥타이 매장의 판매원은 선물할 사람의 나이와 평소 즐기는 옷차림, 피부색에 대해 자세히 물었다. 그리고 나서는 여러 제품들을 보여 주며 이것은 어떻고, 저것은 어떻고 하며 상세히 설명을 하여 주었다. 또한 자신의 매장에서 연령별로 가장 인기가 좋은 상품과 가장 교환율이 적은 제품을 보여 주며 구입할 것을 권유하였다. 가격이 조금 비싸다고 했더니 기꺼이 가격을 깎아 줄 수 있다는 태도로 급히 계산기를 집어 들고 이렇게 이야기한다.

> "고객님께서 지금 아주 좋은 시기에 오셨어요. 저희 매장의 이 제품은 백화점 할인과 더불어 추가로 10% 할인을 더 해 드릴 수 있어요."

마치 물건 값을 깎아 줄 듯한 기세였다. 물론 그 제품은 할인 제품으로 따로 분류되었을 것이다. 하지만 이를 굳이 고객에게 밝힐 필요는 없다. 고객은 좋은 물건을 저렴한 가격에 살 때 가장 좋은 것 아닌가? 그런데도 계속 고민하자 이젠 더 적극적으로 "오늘 제품을 구입하시면 추가로 5,000원 할인권도 드려요."라는 말을 하는 것이다. 이를 모두 처음에 알았더라면 고객이 대접받는다는 생각을 하기는 어려울 것이다. 하지만 판매원이 선물보따리를 계속 풀며, 고객의 마음에 점점 더 다가가면 대부분의 고객은 지갑을 열 것이다. 물론 일부 고객 중에서는 '이렇게 많이 깎아 주고, 선물까지 주다니. 제품에 문제가 있는 게 분명해.'라고 생각하는 사람도 있을 수 있다. 하지만 적어도 한 명의 고객이 당신의 매장에 들어왔다면 당신은 할 수 있는 모든 방법을 동원하여 고객의 지갑을 열 수 있도록 하여야 한다.

홈쇼핑을 보면 자주 나오는 문구가 있다.

- 싸게 살 수 있는 마지막 기회입니다.
- 마감 임박!
- 인기 상품 매진 임박!

이러한 문구가 뜨면 어떤가? 어느새 수화기 앞에 앉아 있는 자신의 모습을 발견하게 될 것이다.

최대한 활기차고, 적극적으로 신뢰를 파는 것이 일등 판매원이 되는 지름길이다.

고객과 마음 주고받기

고객이 아주 소극적이거나 구입하려는 마음이 거의 없이 매장을 방문하는 경우가 있다. 이때 판매원은 고객의 마음을 헤아릴 줄 알아야 한다. 이런 고객에게는 지나친 적극적인 판매 전략은 오히려 화를 부를 수도 있다. 결국은 고객의 상황에 따라 판매 전략을 달리 구사하여야만 하는 번거로움이 따르기는 하지만, 어떤 고객이든지 판매원이 고객의 입장에서 바라보고 있다면, 고객은 서서히 마음의 문을 열게 될 것이다.

여성이라면 특별한 이유 없이도 화장품 매장을 들르는 경우가 있다. 당장 필요한 물건이 없더라도 구경삼아 들어갔다가 판매원의 말에 물건 한두 개쯤은 들고 나오는 경우가 있다. 매장에 들어가는 순간 화장품 판매원이 고객에게 다가와 어떤 피부 타입인지, 피부에 어떤 문제가 있는지를 꼼꼼하게 파악한다. 그리고는 계절에 맞는 상품이라든가, 여러 피부 트러블에 맞는 상품들을 하나씩 꺼내 보이기 시작한다. 사실 모든 종류의 화장품을 구비하고 있는 소비자는 많지 않다. 그런 고객에게 다가와 고객에게 맞는 상품들을 하나씩 보여 주고 시연까지 해보이니 구경삼아 들어간 고객은 어느새 지갑을 열고 양 손 가득 물건을 들고 나오게 되는 것이다.

나는 어느 날 화장품 매장에 들른 적이 있다.

나를 본 판매원은 바로 화장품에 대한 이야기보다는 요즘 날씨에 대한 이야기를 하기 시작했다. 그러다가 자신이 요즘 날씨가 건조하여 쓰는 수분 제품이 있는데 효과가 좋다며, 사용을 권하는 것이 아닌가?

무엇을 사겠다는 마음보다는 친구와 약속 시간이 남아 그냥 한 번 구경이나 하자는 마음으로 들렀던 매장에서 나는 판매원과 이런저런 이야기를 하고는 "언니 믿고 사는 거예요."라는 말과 함께 양손 가득 화장품을 샀다.

"지피지기(地皮知己)면 백전불퇴(百戰不退)"라고 한다. 마찬가지로 고객을 알고 고객이 호감을 갖도록 말하면, 고객은 자신의 욕구를 판매원에게 하나씩 밝히게 되고, 고객은 나아가 지갑을 열게 되는 것이다.

고객의 "예!"는 판매원의 능력

취재에 정평이 나 있는 한 베테랑 기자가 인터뷰한 내용 중 인터뷰어가 취재 비결이 무엇이냐고 물은 적이 있다. 그때 그 기자는 다음과 같이 말하였다.

"아무리 어려운 상대라도 대답하기 쉬운 질문, 동의하기 쉬운 질문부터 시작하는 것이 비결이라면 비결입니다."

베테랑 기자가 취재하는 사람은 주로 처음 만나는 사람인 경우가 많다. 대부분은 이런 식으로 질문을 하면 무의식적으로 경계심을 푼다고 한다.

판매원도 마찬가지다. 물론 논리적으로 "이 제품은 이러한 특성을 지니고 있고, 저 제품은 저러한 특성을 지니고 있어요."라는 식의 논리적인 설명이 필요할 수도 있다. 하지만 그것만으로는 고객의 마음을 얻을 수가 없다.

고대 그리스 철학자 소크라테스는 "예!"라는 긍정적인 대답을 잘 이끌어 냈다고 한다. 그의 문답법은 상대가 인정할 수 있는 범위에서 질문을 던지고 점점 그 범위를 좁혀 가며 문제의 핵심에 이른다. 상대는 "예!"라고 대답하는 가운데 자연스럽게 소크라테스의 말에 귀를 기울이게 된다. 이와 같이 판매원도 고객이 "예!"라고 응답을 하게끔 고객을 유도하여야 한다.

최근에는 전화로 보험을 판매하는 경우가 많다. 물론 그 판매원은 보험이라는 말은 하지 않는다. 하지만 그 전화를 받고 있노라면 어느새 "네, 그렇죠."라고 연신 응답하는 자신을 발견하게 된다.

"고객님, 요즘 시중 은행 금리가 낮잖아요. 알고 계시죠? 게다가 각종 매체에서 복리 이자, 복리 이자 하잖아요? 복리 이자가 뭔지는 아시죠?"
"예!"
"저희는 시중 은행보다 금리가 ○% 높고요. 게다가 매달 10만

원씩 저축하시면 2년 후부터는 별도의 해약 없이 고객님께서 1년
에 한 번씩 50만 원씩 찾아 쓰실 수 있어요. 더군다나 이 모든
것에 복리 이자가 적용되니 고객님께서는 이 금액을 찾으실 때
원금보다 이자를 원금의 배로 받아 보실 수 있는 거고요. 어떠세
요? 이보다 더 좋은 조건이 없죠?"

"예! 그렇네요."

"그럼 고객님 저희가 관련 서류를 댁으로 보내 드려도 될까요? 서
류를 보시고 마음에 안 드시거나, 제가 지금 드린 말씀과 다른 부분
이 있다면 언제든 해약 가능하시고요. 주소 좀 알려 주시겠어요?"

"주소요? 저희 주소는……."

자칫하면 이런 식으로 가입하게 되는 것이다. 물론 소비자
입장에서는 판매원의 계속되는 질문에 "예!"를 연신 외치다
당한다고 생각할 수도 있다. 그런데 판매원이라면, 고객이 계
속해서 "예!"라고 응답할 수 있도록 유도하는 것이 최선일 것
이다. 나는 개인적으로 의심이 많은 사람이라 얼굴을 마주하
지 않은 상황에서 주소를 말해 달라거나 주민등록번호를 확인
하여 달라고 하면 지금 바쁘다는 핑계를 대며 나중에 다시 전
화하여 달라고 하고는 전화를 끊지만 이런 상황에서 가입을
하는 사람도 많이 있을 것이다. 게다가 판매원은 고객의 마음
을 사로잡기 위해 여러 주변 이야기까지 함께 함으로써 소비

자가 쉽게 이야기를 끌어 낼 수 있게 한다. 예를 들어 "직업이 어떻게 되세요?"라는 질문에 "학생인데요."라고 답하면 "공부하시는군요. 정말 똑똑하신가 봐요. 저는 공부는 취미에 없어서요, 그래도 기본적인 생활을 위해 아르바이트는 하시잖아요. 밥 한 번 덜 사 먹고, 옷 한 벌 덜 사서 앞으로 공부 마치시고 사회에 나가실 때 밑거름이 되는 자본을 지금부터 준비하시면 어떨까요?"라고 말해서 소비자의 환심을 사고, 소비자로 하여금 "예!"로 응답하도록 유도한다.

판매원은 고객이 스스로 인정하고 "예!"라고 응답할 수 있도록 유도하는 화법을 구사하여야만 한다. 그래야만 고객의 지갑을 열 수 있다.

'우리'로 고객의 마음잡기

세일즈를 할 때 조금이라도 유리한 결과를 얻기 원한다면, '나'나 '너'보다는 '우리'를 사용하면 어떨까? 사람은 누구나 다르다. 취미도 흥미도 모두 다르기 마련이다. 하지만 고객은 판매원이 자신과 비슷한 입장의 사람이라고 생각하는 순간 동질감을 느끼게 된다. 그러면서 결국 판매원에 대한 경계심을 풀게 된다. 이러한 것을 '유사성의 원리'라고 한다.

얼마 전 한 홈쇼핑에서 인상 깊은 멘트를 들은 적이 있다. 주부들이 주로 시청하는 시간대에 방송된 것으로, 상품은 겨울 코트였다. 쇼 호스트는 다음과 같이 말하였다.

"저도 여러분과 같은 주부입니다. 저도 아이가 있고요, 똑같이 살림해요, 그러면서 아랫배도 나왔고요, 팔도 많이 굵어졌습니다. 그런데 이 옷은 이런 것들을 모두 커버해 줍니다. 특별히 팔 부분에 신경 써서 만들었어요. 결혼하고 아이를 키우다 보면 팔이 굵어져서 옷을 입어도 팔이 꽉 끼잖아요. 저도 그래서 늘 걱정이었는데요. 이 옷은 그럴 걱정이 전혀 없습니다. 보세요. 팔 부분이 넉넉하게 만들어져 아주 편합니다. 더군다나 이 배를 자연스럽게 가릴 수 있지 않습니까? 게다가 최신 유행하는 디자인입니다. 우리 주부들에게 이보다 더 좋은 상품이 있을까요?"

이 방송을 끝까지 시청하지는 못하였지만 이 상품은 보나마나 주부들에게 큰 호응을 얻었을 것이다. 다른 판매도 마찬가지다. 고객을 대할 때 단순히 '너'가 아닌 '우리'로 대하면 고객은 판매원에게 쉽게 마음을 열게 된다.

백 번 말하는 것보다 한 번 보여 주는 것이 더 좋다

실제로 보는 것만큼, 실제로 보여 주는 것만큼 설득의 효과가 큰 것도 없다. 설득의 달인들은 말만 잘 한다고 되는 것이 아니다. 경우에 따라서는 온 몸을 쓰는 것은 물론이고, 주제와 관련된 그 어떤 재료들도 자유자재로 다룰 줄 알아야 한다. 물론 상대를 설득하기 위해서라면 무슨 짓인들 못할까마는, 그래도 가장 효과적인 방법을 사용해야 한다면 역시 실제로 해 보이는 것, 실연(實演)이 최고이다(문석현, 2006 : 108).

직접 보여 주는 것의 최고는 단연 홈쇼핑일 것이다. 필자는 텔레비전 드라마를 좋아한다. 그런데 드라마 중간에 광고가 나올 때면 홈쇼핑을 돌려 보곤 한다. 그때마다 쇼 호스트들의 시연에 혹하는 경우가 한두 번이 아니다. 가장 놀라웠던 것은 몇 년 전 이슈가 되었던 '주방 세제'였다. 그 세제만 있으면 모든 기름때가 질 것 같은 시연에 많은 이들이 수화기를 들었을 것이다. 또한 주부라면 누구나 관심이 가는 다용도 팬도 단연 시연의 공이 크다고 할 수 있다. 온갖 음식을 그 팬에 만들 수 있음을 보여 주는데 누가 수화기를 들지 않겠는가? 사실 우리 어머니도 그렇게 구입하신 제품이 한두 개가 아니다. 시연이 없었더라면 홈쇼핑은 유통계에서 자리 잡지 못하고 오래 전에 퇴출되었을 것이다. "옷은 입어 보고서 사야 한다."는 말도 있지 않은가? 아무리 점원이 잘 어울릴 것 같다고 백 번을 말하여도 본인이 입어 보고서 마음에 들지 않으면 고객은 사지 않는 것과 같이 판매원은 물건을 팔 때 고객에게 구구절절 설명을 늘어놓기보다는 그 기능을 직접 눈으로 확인할 수 있게끔 하는 것이 판매왕이 되는 지름길이다.

고객의 불평도 기꺼이 받아들인다

물건을 판매하는 사람이라면 누구나 고객의 불평을 듣게 될 것이다. 예전에 단골로 다니던 미용실에서 들은 이야기다. 그는 미용 경력 10년이 된 미용사였다. 하루는 그가 입을 열었다. 사람들 특히 여성들의 머리를 만진다는 것은 많은 어려움이 있어서 처음에는 정말 어렵고 힘들었다고 한다. 사실 나도 마음에 안 들면 바로 불만을 토로하는 스타일이기에 너무 미안한 마음이 들었다. 그 미용사와 인연을 맺기 전 나도 어떤 미용사에게 머리 모양이 이상하게 나왔다고 불만을 토로한 적이 있었기 때문이다. 그때 그 미용사는 무척 미안해하며 예쁘게 손질하는 방법 등 여러 가지를 알려 주었다. 나는 머리를 짧게 깎았기 때문에 머리가 길 때까지는 별다른 방법이 없던 터였다. 그런데 그 사람이 손질해 준 스타일이 나와 잘 어울린다는 것이 아닌가. 그 후로 그 미용사가 다른 지역으로 가기 전까지 나는 그 미용사에게 머리를 하였다. 그냥 "저한테 맞는 스타일로 해 주세요."라는 말만 하면 뚝딱 알아서 예쁘게 해 주었던 것이 기억이 난다.

한번은 어머니와 정육점에 간 적이 있다. 석유 값과 사료 값이 많이 오르는 바람에, 고기 값이 다른 때보다 많이 올랐던 때다. 어머니가 정육점 주인에게 "요즘 고기 값이 왜 이렇게 비싸요?"라고 물은 적이 있다. 나는 당연히 요즘 석유 값이 많이 올라서 사료 값이 오르고, 그러다 보니 고기 값이 많이 올랐다고 정육점 주인이 웃으면서 대답할 줄 알았는데, 그는 대뜸 "비싸긴 뭐가 비싸요? 요즘 사료 값이 얼마나 비싼 줄 알아요? 비싸다고 할 거면 사지 마요!"라고 화를 냈다. 우리 모녀는 무척 당황하여 아무런 대꾸도 하지 못하였다.

그 후로 나와 어머니는 그 정육점을 가지 않는다. 여러 고객에게서 그런 말을 들은 그 정육점 주인은 또다시 그런 말을 들어서 화가 났을 것이다. 그런데 고객이 우선이라고 생각하는 판매원이라면 그런 발언은 하지 않았을 것이다. 현명

한 판매원은 고객의 불평이 무엇이든 기꺼이 듣고 구매자를
만족시키기 위해 힘쓴다. 그래야 그 구매자가 고객이 되기
때문이다.

마지막 5분이 중요하다

사실 필자는 야구를 잘 알지는 못한다. 하지만 2008년 우리나라가 북경 올림픽에서 금메달을 딴 이후에는 프로야구 시즌이 되면 야구 경기를 즐겨 보는 편이다.

2009년 한국시리즈 7차전은 정말 손에 땀을 쥐게 하였다. S팀의 공격이 끝나고, K팀의 9회 말 마지막 공격이었다. 2아웃까지 동점이던 K팀의 한 선수가 마지막에 홈런을 치면서 짜릿한 역전승을 거둔 것이다.

세일즈도 마찬가지다. 마지막에 어떻게 고객을 설득하느냐에 따라 고객의 결정은 달라지는 것이다. 사람들은 일반적으로 다른 사람의 말에 동조하거나 협력하는 것에는 후한 반면에 다른 누군가에게 설득을 당했다는 생각이 들면 이유 없이 자존심이 상하곤 한다. 판매원은 이를 잘 이용해야 한다. 판매원은 마지막 5분 이내에 고객의 마음을 움직일 수 있어야 한다. 이때 유의하여야 할 점은 상대가 설득 당하고 있는 것이 아니라 판매원에게 협조하고 있으며, 이 협조를 통해 고객 자신이 이익을 얻게 된다는 생각을 하도록 해야 한다.

어떤 이는 첫 대면이 상대로부터 설득을 당해 주느냐 혹은 그렇지 않느냐를 판가름한다면, 마지막 5분은 인간의 결정에 있어 망설임을 되돌릴 수 있는 순간이라고 한다(Girad, 2009).

누구나 한번쯤은 물건을 살 때 '살까 말까' 고민하여 본 적이 있을 것이다. 마음 한 구석에서는 어서 사라고 하고, 다른 쪽에서는 사지 말라고 하는 경험이 있을 것이다. 그럴 때 어떤가? 판매원이 마지막에 어떻게 말을 하느냐에 따라 지갑을 열지, 아니면 그냥 나올지가 결정된다. 겉으로는 아무리 확고한 의지를 내보이는 사람도 마음속에서는 끊임없이 갈등을 계속하고 있다. 그런데 고객으로 하여금 망설임을 멈추고 결심하게 하는 순간은 '최후의 5분간'이다. 처음부터 숨 쉴 틈 없이 상대를 공략하는 것도 중요하지만, 그보다는 심리가 기복을 일으키는 순간에 적극 공세를 펼쳐야 한다.

전쟁의 영웅 나폴레옹도 ‘최후의 5분간이 그 전쟁의 승리자를 결정짓는다.’라고 말하지 않았는가?

09 | 병을 낫게 하는 한마디

의사와 환자는 어려운 상황을 함께 극복해 나가는 협력자이다.
대화를 통해 서로 존중하고 배려하는 표현을 한다면
의사와 환자의 만남은 부담스럽지 않게 되고 신뢰를 쌓고
우호적인 관계를 형성하게 된다.
의사와 환자는 환자의 건강한 삶을 되찾기 위해 함께 가는 동반자이다.

의사와 환자의 대화는 정서적 공감에서부터

의사와 환자의 대화는 질환을 치료하기 위한 기본적 요소로서 의사와 환자가 관계를 맺는 데 대단히 중요한 구실을 한다. 의사와 환자는 정서적으로 같은 심리적 영역 안에 있어야 한다. 의사는 환자에게 정서적으로 따뜻함을 보여야 한다. 환자도 의사에 대한 신뢰감을 가지고 우호적 감정으로 다가서야 한다.

의사와 환자가 이러한 심리적 영역을 공유하고 있어야 성공적인 대화가 이루어진다. 의사가 정서적 따뜻함을 바탕으로 공감적인 자세를 갖추지 않는다면 대화는 원만히 진행되기 어려울 것이다. 마찬가지로 환자 역시 의사에 대한 호의적이고 신뢰하는 태도가 부족하다면 성공적인 의료 대화를 하기에는 무리가 따를 것이다. 성공적이고 바람직한 의료 대화의 근간은 서로에 대한 믿음과 호의적인 태도에 있고, 무엇보다도 서로를 배려하는 마음이 필요하다.

분위기가 대화의 성패를 좌우한다

대화를 성공적으로 이끌기 위해서는 대화가 이루어지는 환경적 요소에 대하여 생각해 볼 필요가 있다. 우리는 말하는 이나 대화 내용을 더 중요한 요소로 생각하기 쉬운데 대화는 대화가 이루어지는 상황이나 분위기에 따라 그 성패가 좌우되기도 한다는 점을 간과해서는 안 된다. 대화의 환경 즉 대화의 상황은 장소, 시간, 대화 참여자 간의 공간적 위치와 거리, 제한되는 여건, 대화가 이루어지는 분위기와 같은 것이 있다. 이와 같은 것을 고려하여 적절한 태도를 취하여 대화를 한다면 성공적인 의료 대화를 할 수 있게 된다.

환경이 좋으면 신뢰의 분위기가 조성되고, 솔직하고 방해받지 않은 상태에서 대화에 전념하게 되고, 대화가 물 흐르듯이 진행되고, 본질적인 것에 집중할 수 있게 된다. 이상적인 대화는 상대방을 중심으로 하는 사고, 적극적인 경청, 우호적인 태도와 관심, 그리고 조용한 분위기에서 진행되는 것이다. 대화에 참여하는 의사나 환자가 분주해 하거나 주변 소음이 대화에 집중할 수 없게 만들고, 의사와 환자의 마음과 정신이 지금 이 자리가 아닌 다른 것에 가 있다거나, 빈번하게 대화가 중단되고, 시간적 압박에 쫓기는 인상을 준다면 대화는 어쩔 수 없이 제대로 진행되기 어렵고 결과적으로 서로 불만족한 상태로 대화가 끝날 수도 있다. 원만한 의사소통을 위한 대화 환경은 공간적 상황, 시간적 상황, 대화의 분위기에 의해 영향을 받는다.

의사와 환자 간의 적절한 거리

대화가 이루어지는 장소는 최대한 방해를 받지 않고 의사와 환자 모두 안정적이라고 느낄 수 있는 공간이어야 한다. 시끄럽고 많은 사람이 왕래하며, 전화나 인터폰이 울리는 공간은 대화에 집중할 수 없고 불안한 마음을 가지게 한다.

의사의 진료실은 밝고 따뜻하며 정갈하게 꾸며져 있어야 한다. 또한 진료를 위한 책상이 너무 넓어 마주 대하는 환자와의 거리를 너무 넓게 한다거나, 책상 위에 여러 물건과 컴퓨터 모니터가 의사와 환자의 장벽을 만들거나, 앉기 불편한 의자 등은 의사와 환자 모두에게 안정감을 주지 못한다.

의사와 환자가 대화할 때 '공간적 거리'가 적절해야 한다.

그렇지 않으면 그들에게 불편한 감정이 생길 수 있고, 이것이 대화에 심각한 방해 요소가 될 수 있다. 의사소통 상황에서 무의식적으로 암묵적 합의의 측면에서 절절하다고 느껴지는 대화 참여자 사이에 거리가 있다. 우리는 어느 정도의 개인적 영역이라는 공간을 가지고 있는데, 이 공간이 협소하거나 넓으면 의사소통에 장애를 받게 된다. 우리는 출퇴근 시간에 다른 사람들과 맞대고 있어야 하는 지하철이나 버스 안을 불편한 공간으로 생각한다. 또는 강의실에서 교사와 학생 간의 거리가 5m 이상이 된다면 너무 멀어 같은 공간에 있다는 느낌이 매우 적어지는 경험을 한 적이 있을 것이다.

의사와 환자의 대화가 성공적인 대화가 되기 위해서는 먼저 서로가 암묵적으로 적절하다고 생각하는 공간을 배려하고 그 거리를 유지하도록 한다.

진료실에서 의사와 환자의 대화는 대부분 앉아서 이루어진다. 먼 개인적 거리(90~150cm)는 의사와 환자가 서로 이야기를 나누는 거리인데, 앉아서 대화하기에 가장 좋은 거리이다. 이것은 의사가 침대에 누워 있는 환자와 대화할 때에도 해당된다. 입원실 회진 시에 머리맡에서 이루어지는 대화는 의사가 개인적 거리뿐만 아니라 친한 대화를 하기에 적당하지 않은 거리에서 벗어나 있어서 좋지 않다. 환자에게 부담을 줄 수 있기 때문이다. 그리고 침대의 다리 쪽 끝에서 이루어지는 회진 대화도 먼 거리를 유지하고 있기 때문에 좋지 않다. 되도록 환자의 침대 옆에 서서 대화를 하는 것이 좋다.

시간적 압박을 슬기롭게 극복하기

대화를 할 때 아무리 시간이 부족해도 그것을 환자에게 보여서는 안 된다. 이것은 환자도 역시 마찬가지이다. 즉 시간적인 압박을 서로에게 해서는 안 된다. 그렇게 되면 불안하여 적절한 어휘와 표현을 선택하기 어려워지고 구체적이고 이해하기 쉬운 설명이 아니라 간단명료하게 결과를 전달하는 데 그쳐 답답한 마음을 가지게 된다.

성공적인 의료 대화는 시간이 많아야만 이루어지는 것이 아니라 서로 감정 이입하는 이해력과 올바른 대화 기술에 있다. 대화를 오래 한다고 해서 성공적인 대화가 보장되는 것은 아니다. 이해하는 대화를 하는 것이 오히려 시간을 효과적으로 사용하고 아끼는 것이 될 수 있다.

　대부분 의사들에게 업무상 시간이 부족하다고 한다. 시간 부족의 원인은 물리적으로 처리할 업무가 많아서이고, 또 한 가지는 쓸 수 있는 시간을 비경제적으로 활용해서 부족한 경우이다. 시간 압박은 시간 부족을 가져오게 된다. 시간 압박은 객관적으로 측정할 수 있는 것이 아니라 한정된 가용 시간에 대한 주관적 체험이다. 자신의 빠듯한 시간과 시간 압박을 관대하게 대할 줄 아는 사람이 시간 압박을 덜 느끼고 환자에게 시간 압박을 주지도 않으며, 처음부터 대화의 중요한 통로를 차단하지 않을 것이다.

　의사는 더 이상 대화 시간을 더 연상할 수 없는데, 시간을 요구하는 환자가 많다. 이런 경우 한 가지 해결책은 가능한 시간을 분명히 말하고 그것을 잘 지키도록 하는 것이다. 이렇게 하면 어쩔 수 없이 상대방은 에둘러서 말하지 않고 대화의 목적과 관심사에 대해 의견을 개진하게 된다. 시간을 미리 설정하지 않고 대화하게 되면 상황이 어려워진다.

병원으로 향하는 마음을 즐겁게 해 주는 긍정적 대화

서로에 대한 신뢰감을 바탕으로 개방적인 분위기에서 솔직하게 말하고, 서로의 입장을 고려하여 전달하고 이해하려는 태도는 성공적인 대화 환경 마련의 기초가 된다. 감정적으로 휩쓸리지 않고, 공감이 느껴지며, 불안을 야기하지 않고, 서로 존중하는 대화 분위기가 좋다.

긍정적인 대화 분위기는 환자와 의사 양측 모두에게 이득이 된다. 환자의 입장에서는 자신의 문제가 받아들여진다고 느끼기 때문에 좋고, 의사의 입장에서는 필요한 정보를 좀 더 수월하게 얻을 수 있기 때문에 좋다.

낯섦을 깨뜨려라

의사와 환자가 처음 만날 때 가지게 되는 '첫인상'은 앞으로 대화 진행에 영향을 미칠 수 있고, '첫 마디'는 의사와 환자의 관계 발전 방향에 영향을 미치게 된다. 의사와 환자는 일상적 의미의 사회적 관계라기보다는 다소 특별한 관계이다. 의사는 의사소통을 위하여 감정이입 능력, 전문성, 적재 능력을 발휘하여야 하고, 환자는 어느 정도 자신의 문제, 고통, 불안을 드러내야 하기 때문이다.

대화 초반 즉 의사와 환자가 처음 만날 때 무슨 상황이 형성될지를 상정하고 이에 대한 대처 방안을 생각할 필요가 있다. 우선 서로 '낯선' 사람과의 만남이지만 가능한 빨리 공통

적인 신뢰를 쌓도록 하여야 한다. 그리고 '긴장감'이 돌지 않
도록 해야 한다. 환자는 그 나름대로의 '기대'를 가지고 있다.
그런데 그것이 현실적인 것일 수도 있지만 비합리적인 것일
수도 있다. '불안'과 '심적 부담'이 대화의 시작에 영향을 미친
다. 환자의 불안, 감당할 수 없을 만큼의 문제가 아닐까 하는
심리적 압박, 자기 능력 밖의 상황이 도래하면 어떻게 하나
하는 의사의 의구심이 있다. '관계' 형성에 대한 부담감이 있
다. 어쩌면 금방 잊힐지 모르는 짧은 만남과 운명적인 의사와
환자의 관계가 형성될 수도 있다.

'낯선 감정'은 가능한 빨리 극복해야 하는데, 그 방법은 워
밍업과 말을 통한 아이스브레이커(서먹한 분위기를 깨기 위한 소
재)를 하는 것이다. 의사는 환자에게 마음의 문을 열 시간을
줄 필요가 있다. 의사의 말과 행동에 '친절함'이 묻어 있어야
한다. 또한 환자가 보호와 관심을 받고 있다는 느낌을 갖도록
한다. 상대방에게 오해를 불러일으킬 말과 행동을 삼간다. 불
안감이나 심리적 압박을 초래할 사항이 있는지 가능한 빨리
둘러보고 그것이 나타나지 않도록 하여야 한다.

대화 초반에는 응급 상황을 제외하고는 의사와 환자 간에
안정적이고 편안하며 신뢰할 수 있는 분위기를 만들기 위해

노력하여야 한다. 의사는 환자에게 자유롭게 말할 수 있도록 해 주어야 한다. 그래야 더 좋은 결과를 가져올 수 있다. 그 방법으로는 지지하고 안심시키거나, 공감하기, 정서적 지지 보내기 등이 있다.

'지지하기'는 환자에게 그 문제에 대해 관심과 이해심을 표현하는 것을 말한다. '안심시키기'는 환자에게 안정감을 주고 자존감을 갖게 하는 것이다. '공감'은 동의가 아니라 환자의 느낌과 감정을 인정하는 것이다. '정서적 지지'란 의사가 객관적이면서도 호의적 관심을 갖고 있다는 것을 알게 하여 주는 것이다. 감상주의나 연민과는 다른 것이다. 정서적 지지의 가장 간단한 것은 '미소'이다. 미소는 가장 신뢰감을 주고 서먹한 분위기를 깨어 말문을 열게 하는 좋은 방법이다. 미소는 웃는 사람을 이완시키고 분주함을 누그러뜨린다. 또한 전염효과가 있어서 상대에게 정석적으로 안정감을 주고 거부감을 없앨 수 있는 방법이다.

환자의 소망, 기대, 생각, 감정, 가치관 등은 무엇인가, 환자는 질병에 대한 어떤 경험이 있는가, 앞으로 어떤 전망을 하는가, 아픈 것으로 인해 삶의 영역에 어떤 영향이 있는가 등과 같이 환자의 입장을 파악하려는 자세로 대화를 시작한다.

그러나 환자의 은폐, 자기 이해 부족, 관습적 생각 등으로 인해 환자의 상태를 파악하기 어려운 경우가 있다. 이때 좋은 방법은 '개방적으로 시작하기'이다. 주로 개방적 질문을 하여 환자가 자유롭게 자신의 관점에서 설명하도록 하는 것이다. 그렇게 되면 부담이 덜하게 된다.

대화는 개인에 따라 매우 가변적이기 때문에 다양한 상황이 존재할 수 있으나 다음과 같은 사항을 대화 초반에 사용하면 좋을 것이다.

먼저 환자가 진료실에 들어올 때 환자를 따뜻하게 바라보고 크지 않은 동작으로 손 움직임을 보이며 앉으라고 말한다. 의사가 의자에서 일어나 책상 옆까지 나와서 영접하지는 못한다 하더라도 들어오는 환자에게 전념한다는 표현과 따뜻하게 맞이한다는 표현을 해야 환자는 긴장을 풀고 대화를 시작할 준비를 하게 된다. 그런데 많은 의사는 시간의 압박에 쫓기어 앞에 나간 환자에 대해 뭔가를 기록하면서 들어오는 다른 환자를 쳐다보지도 않는 경우가 있다.

두 번째로는 의사가 자신을 간단히 소개하는 것이다. 이것은 환자가 여러 의사를 만나게 되는 종합병원에서 더욱 필요하다. 먼저 자신의 이름을 말하고, 어떤 임무를 수행하게 되는

지에 대해 간단히 말하면 좋다. 예컨대, "저는 마취과 전문의인 홍길동입니다.", "저는 김철수이고, 방사선 의사입니다. 지금 심장과 폐를 촬영하려고 합니다.", "저는 순환기내과 의사인 김영희이고요, 김영수 씨 담당의사입니다."라고 표현하는 것이 좋다.

의사와 환자가 처음 대하는 경우 일반적인 질문으로 대화를 시작할 수 있다. 대화의 도입부 먼저 환자의 상태에 대해 질문을 하게 되는데, 이 경우 환자가 위축되거나 불안한 마음이 들지 않도록 적절한 표현을 하여야 한다. 먼저 다음과 같은 표현은 적절하지 않다.

> "무슨 용무가 있어서 왔습니까?"
> "무엇 때문에 오셨습니까?"
> "무슨 문제로 찾아 오셨습니까?"

환자가 진료 받기 위하여 의사를 만나러 왔는데 그에 대하여 '용무'나 '문제'가 무엇이냐고 묻게 된다면 환자는 거부감과 거리감을 가지게 될 것이다. 이와 같은 용어는 환자가 자신을 문제를 가진 사람으로 생각하는 의사에 대하여 방어적인 태도를 가지도록 만드는 자극적인 표현이 될 수 있다. 따라서 다음과 같이 좀 더 완곡하거나 부드럽게 표현하는 것이 좋다.

"저를 찾아오신 이유를 차분하게 말씀해 보세요."
"어디가 불편하신지 조금 자세하게 말씀해 주시겠습니까?"

이와 같은 표현을 하게 되면 환자는 자신의 문제에 대해 의사가 관심을 가지고 들으려 한다는 메시지를 얻게 되고, 비교적 안심한 상태에서 이야기를 시작할 수 있을 것이다.

회진은 환자와 소통의 장

대화는 대화 참여자의 상호 작용으로 이루어진다. 공감적 태도로 질문하고, 적극적으로 경청하며, 비언어적 표현을 관찰한다.

대화의 시작은 보통 넓은 전개, 열린 시작으로 이루어진다. 그 이후의 대화 진행에서는 대답의 여지가 점차 좁혀지면서 좀 더 정확하고 확실해지면서 명료해진다. 이렇게 하여 주제에 집중이 이루어진다.

의사와 환자의 첫 대화가 아무 것도 없는 상태에서 시작되는 것이 아니라 대화 성립의 양태(진료 예약 대화, 회진, 왕진, 응급 상황)가 있는 경우에 첫 대화가 시작되는 경우가 있다. 의사는 환자나 환자 가족 또는 앞선 치료자에 대해 사전 정보를 가지고 있는 경우가 있는데, 이러한 것이 의사의 섣부른 판단 이라는 위험한 선입견을 줄 수 있다.

대화의 중반부는 서로에게 적응하는 단계와, 화제를 전개하는 단계로 구성된다. 중요한 것은 대화의 실질적인 화제가 무엇인지 아는 것이고, 가능한 한 화제에 대해 충분히 파악할 수 있도록 대화를 조정하여야 하며, 화제에서 벗어나지 않도록 하여야 한다.

의사는 환자로 하여금 건강 상태에 대해 충분히 알 수 있도록 하여야 하며, 환자는 자신의 건강 상태를 적확하게 알리고 빠뜨림 없이 대화하도록 한다. 간혹 진료가 끝난 후에 하고자 하는 말을 다 못하였다는 아쉬움을 느끼는 경우가 있는데 그렇지 않도록 사전에 준비하는 것도 필요하다. 또한 의사가 처방을 하게 되는 경우라면 환자가 충분히 이해할 수 있도록 설명하고, 적절한 대처 방안과 자기 관리에 대해 조언을 아끼지 않도록 한다.

예를 들어 회진 대화를 보면, 입원실에 누워 병마와 싸우는 환자는 정기적으로 의사를 만날 수 있는 회진 시간을 고대하며 기다린다. 환자는 질병으로 인해 경험하지 못했던 특이한 상황, 복용 또는 투약하는 약의 효능, 감정적 변화나 현재 자신의 상태와 호전 가능성 등에 대해 의사와 이야기 나누기를 기대한다. 때로는 의사가 자신을 찾아와 무언가를 말해 줄 것이라는 생각에 떨린다.

그런데 담당 의사를 중심으로 하는 회진 팀의 반응은 이에 부응하지 못하는 면이 있다. 이들은 진단과 치료가 적절히 이루어지고 있는지에 대한 검증을 중심으로 하여 향후 있을 검사와 치료에 대한 지시와 충고를 주로 한다. 또한 여러 의사들의 공동 진찰을 하는 장으로 여기는 경우가 있다.

환자는 회진 대화를 자신의 생각을 의사에게 자유롭게 말할 수 있는 것으로 여기지 않는다. 그 이유는 자신을 담낭하는 의사 한 명과 대화하는 것이 아니라 여러 명의 의사가 있는 가운데 담당 의사와 대화를 나누고, 다른 환자와 보호자들이 있는 병실에서 대화를 하기 때문이다. 병실에 있는 많은 사람들이 자신의 발화나 의사의 발화 및 행동에 주의를 기울이고 있을 것이라 여기기 때문에 부담감과 긴장감을 가지게 되고 이것이 자유로운 발화를 막게 된다. 회진이 끝난 다음에야 환자는 자신이 하고자 했던 말을 의사에게 하지 못한 것을 안타까워한다.

　　회진 대화에서는 환자 중심의 화제로 대화가 이루어지지 못하고 짧은 시간에 의사의 화제 중심 대화로 일관되거나 회진 팀의 대화로 마무리되는 경우도 있다. 환자는 회진 시간을 얼마나 고대하며 기다리는지 의사들이 되새겨볼 필요가 있다.

　　의료 대화 과정에 영향을 미치는 것은 의사의 질문이 아니라 환자의 연상이 될 수 있다. 합리화, 생략, 모순, 불안과 저항의 표현, 의사에 대한 방어적 태도 그리고 이와 비슷한 행동이 대화의 전개에 큰 영향을 끼치거나 둔화시키기도 한다.

　　의료 대화의 마지막은 '진단과 해석'이다. 해석은 환자의 진술에서 도출되어야 하며, 의사의 언어가 아니라 환자의 언어로 이루어져야 한다. 상황에 따라 환자에게 모욕감을 줄 수 있는 해석을 해서는 안 된다. 내적 갈등에 대한 해석에 앞서 외적 갈등에 대한 해석이 먼저 이루어져야 한다. 해석은 환자에게 해 주어야 하는 의사의 업무이다. 해석으로 인해 환자의 자기 이해가 촉진되고 확고해진다. 그리고 의사의 해석은 환자로 하여금 의사가 자기를 이해하여 주고, 배려하여 준다는 생각을 하게 한다. 이런 점에서 해석은 치료의 한 방법이 된다고 볼 수도 있다.

환자의 마음 읽어 주기

대화의 메시지는 크게 네 가지의 정보를 담고 있다. 예를 들어 "약을 먹었는데도 계속 소화가 안 돼요."라는 말은 "제 증상은 계속 소화가 안 돼요."라는 사실적 정보를 담고 있으며, 나아가 자신에 대한 표현으로 자기 묘사인 '소화가 안 돼서 정말 힘들어요.'를 전달할 수도 있다. 그리고 "제가 나을 수 있도록 도와주세요."라는 호소는 내가 상대방을 어떻게 생각하고 우리가 서로 어떤 관계에 있는지에 대해 말하는 것이다. 끝으로 "의사 선생님은 제가 소화를 잘 할 수 있도록 해 주실 거예요."라는 것은 대화 상대자에게 일종의 영향을 보이는 것으로 말하는 이 사이의 관계를 표현한다.

한 문장에 숨겨진 내용(의도)을 잘 파악하여야 한다. 이 내용은 매우 다른 중요도를 지닐 수 있으며, 겉으로 중요하게 보이는 숨은 의도가 반드시 중요한 메시지가 아닌 경우도 있다. 발신자와 수신자가 하나의 정보가 가진 서로 다른 메시지를 중요하게 생각하면 이러한 과정은 더 복잡해진다. 보내진 정보가 아주 명료하고 오해의 여지가 없어 보일지라도 두 사람 간에 근본적인 '오해'가 일어날 수 있다. 따라서 의사는 자신이 전달하고자 하는 의미를 환자가 정확히 파악할 수 있도록 쉽고 명료하게 표현하여야 한다.

숨겨진 의미를 파악하기

대인 의사소통적 의미에서 '정보'란 발신자가 수신자에게 전달하는 메시지의 총체이다. 대화 상대를 이해하기 위해서는 정보가 '명시적 메시지'만을 포함하고 있는지, '함축적 메시지'도 포함하고 있는지 확실하게 인식하는 것이 중요하다. '명시적 메시지'는 무언가가 분명하게 표현되는 반면 '함축적 메시지'는 간접적으로만 무언가가 표현된다. 정보의 실제적인 주요 메시지가 무엇인지를 찾아내는 것이 성공적인 의사소통의 기본 능력에 속한다.

의사와 환자의 대화에서 함축적 메시지를 인식하지 못하면 근본적으로 의사소통 장애가 발생할 수 있다. "이 약을 먹을 때 아주 쓴 맛이 느껴져요."라는 환자의 진술은 명백한 사실을 담은 명시적인 메시지로 받아들일 수 있다. 이 경우 함축적 의미를 확인하는 것은 비교적 어렵다. 환자가 "이 약은 독하다고 생각해요.", "나에게 잘 듣지 않아 더 이상 이 약을 먹지 않을 거예요.", "이 약이 나에게 맞는 약인지 의심이 가요.", "약의 맛이 이상해요. 혹시 잘못 진단한 것 아니에요?", "당신의 처방을 신뢰하기 어려워요.", "선생님에게 치료받고 싶지 않아요.", "나에게 도움이 안 된다고 생각해요."라고 말하고 싶었을지도 모른다.

정보에 함축적 메시지가 담겨 있는지 알기 위해서 도움이 될 만한 것은 '적극적 경청'이다. 또 한 가지는 의식적으로 정보가 함축적 메시지를 포함하고 있을지 모른다고 생각하면 듣는 것이다. 그리고 비언어적 정보의 단서를 신중하게 관찰하는 것, 즉 표정·제스처·음조 등을 분석하는 것이다.

불확실한 마음 잠재우기

대화의 길이는 상황의 위급한 정도, 화제, 의사와 환자가 느끼는 부담, 대화의 신행과 결과 그리고 시간에 영향을 받는다. 주제에 대해 충분히 이야기가 되었을 때 끝내는 것이 좋다. 환자가 피곤해 하거나 요구가 과중하다는 신호를 보내거나, 저항이 강하고, 대화가 답보 상태에 빠지면 대화를 끝내야 한다. 대화를 마무리할 때 의사는 내용에 대해 정리를 해 주어야 한다. 또한 환자에게 질문할 수 있는 기회를 주는 것도 좋다.

의사가 대화를 종료하려는 신호를 보낼 때 비로소 정말로 중요한 화제를 거론하는 환자가 종종 있다.

보통 의료 대화는 마무리가 비구조적으로 체계 없이 끝나는 경우가 있다. 대화 상황이나 시간 압박 등에 영향을 받아 마무리가 이루어지는 경우가 있는데 대화의 마무리 역시 다른 것과 마찬가지로 매우 중요하다. 마무리 대화는 '마무리 발언, 미래 계획, 인사'로 이루어진다.

'마무리 발언'에서는 전체적인 개관을 한다. 대화에서 도달한 것과 도달하지 못한 것을 정리한다. 의사와 환자가 공통의 현실에서 진행된 결과를 잘 보여 주게 된다. 인식 가능한 결과나 그 밖의 목적 설정 없이 끝나는 대화는 대화 참가자들에게 공허함과 불확실성을 느끼게 하는 경우가 많다. 정리를 하게 되면 문제 해결을 위해 서로 노력했다는 느낌과 연대가 작용하였으며, 말할 만한 가치가 있었다는 느낌을 가지게 된다. 이과 같은 대화는 다음 대화에도 강력한 동기 부여가 된다.

'미래 계획'이란 처방, 조언, 권고, 격려 등을 포함하여 지시 사항을 현실화시킬 수 있는 말과 대책, 경우에 따라서는 다음 진료 예약이 포함된다.

치료에 도움을 주는 좋은 질문

대화를 원활하게 진행하기 위해서는 기본적으로 좋은 질문을 하여야 한다. 의사와 환자의 대화가 원만하게 진행되지 못하는 원인 중의 하나는 의사의 질문에서 비롯되는 경우가 있다. 질문은 질문하는 사람이 궁금한 사항을 묻는 것이다. 의사와 환자의 대화에서 주로 질문을 하는 사람은 의사인 경우가 많다. 그렇다 보니 의사는 자신의 입장에서 궁금하거나 관심 있는 부분만을 중심으로 질문을 하게 되고 환자는 줄곧 대답을 주로 한다. 물론 환자도 의사에게 질문을 할 수 있지만 환자의 심리 상태는 다소 위축되거나 긴장하고 있기 때문에 쉽고 편안하게 질문을 하기에는 어려움이 따른다. 의사의 질문과 이에 대한 환자의 대답이 주를 이루는 의사 중심 대화를 의사와 환자 모두 만족할 대화로 이끌기 위해서는 질문하는 방법에 대한 고려가 필요하다.

좋은 질문은 좋은 대답을 이끌어 내는 질문이다. 질문의 의미가 명확해야 한다. 모호하거나 불명확한 질문은 오해의 소지가 있어 명확한 답을 하지 못하게 한다. 또한 대화의 흐름에 시의 적절한 질문을 한다. 환자가 고통을 호소하고 있는 중에 환자의 신상에 대한 질문을 한다면 환자는 매우 불쾌한 마음을 가지게 될 것이다. 환자를 다그치는 듯한 질문은 좋지 않다. 환자는 심리적으로 불안한 상황이기 때문에 질문에 재빠르게 답변을 못하는 경우가 종종 있다. 의사는 하루에도 수많은 환자를 대하기 때문에 의사에게 그와 같은 환자의 심리적 상태가 특이한 상태로 인식되지 못할 수 있다. 우리가 처음에 낯선 것도 자주 접하게 되면 익숙해지듯이 의사도 많은 환자를 만나다 보면 환자의 심리적 불안감을 익숙하게 받아들일 수 있다. 그러나 환자 개개인을 개별적 존재로 인식하고 다가가게 된다면 재빠르게 대답을 못 하더라도 환자를 재촉하여 더욱 불안하게 만들지는 않을 것이다.

질문은 크게 폐쇄형 질문과 개방형 질문의 두 가지 종류로 나누어 볼 수 있다. 폐쇄형 질문은 '예'나 '아니요'와 같은 정보로만 대답이 가능한 질문으로 "하루에 소변을 몇 번 봅니까?", "위 내시경은 언제 받았죠?"와 같은 것이다. 이와 분명한 사실적 정보를 빠르게 얻어서 문제에 대해 즉각적으로 이해할 수 있는 장점이 있다. 그런데 대화의 대부분이 이러한 형태로 진행되면 심한 경우 환자는 의사에게 심문을 받는다는 느낌이 들어 의사에 대한 호감과 신뢰감을 갖지 못하게 될 수 있다.

개방형 질문은 환자가 자신의 증상에 대하여 허심탄회하게 설명하도록 하는 질문이다. 이러한 질문은 환자를 중심으로 하는 것처럼 보여 환자가 자신감을 가지고 자신의 문제에 대해 자유롭게 말할 수 있게 된다. 환자는 자신의 문제에 대해 이야기를 하면서 스스로 문제의 원인과 현상에 집중하게 되고, 나아가 문제를 해결하고 이겨 낼 수 있게 되기도 한다. 개방형 질문을 통해 환자의 대답을 듣고 있는 의사는 환자에게 주의를 기울이고 있다는 것을 표현하게 된다.

"회사 동료들은 친절합니까?"와 같은 폐쇄형 질문보다는 "함께 일하는 사람들이 어떠냐에 따라 회사의 분위기가 달라지죠. 다니고 있는 회사 분들은 어떤가요?"와 같은 개방형 질문을 통해 환자가 스스로 직장이나 동료 또는 상사에 대해 말하게 하는 것이 바람직하다. 그런데 이런 경우 답변하는 환자는 문제의 핵심에서 벗어나 사무실의 가구 배치, 지각하는 동료들의 이름 나열 등에 치우쳐 주변적 요소에 대해 주저리주저리 말하게 할 수 있다는 단점이 있다.

의사의 질문과 더불어 환자도 자유롭게 질문할 수 있도록 대화가 진행되어야 한다. 의사는 환자가 왜 질문하는지, 지금 상황에서 왜 이 질문을 하는지, 또 왜 질문하지 않는지를 명확하게 인식하여야 한다. 환자는 정보에 대한 욕구뿐만 아니라 관심을 끌기 위해서 질문할 수도 있다. 도움을 청하는 것일 수도 있다. 말로 표현할 수 없는 내용을 전달하여 주는 기능으로 질문할 수도 있다.

환자의 질문에 의사가 불완전하게, 회피하듯이 또는 전혀 답변하지 않는다면 문제가 생기게 된다. 환자의 질문 이면에 숨어 있는 뜻을 파악해야 한다. "내일도 이 주사를 또 맞아야 하나요?"에 대해 "예." 또는 "아니요."로만 대답하게 된다면 환자는 답답함을 느낄 것이다. 그 이면에는 이 주사를 언제까지 맞아야 하는지, 이 병이 나을 수 있는 것인지에 대한 의문을 포함하고 있을 수 있기 때문이다.

또한 환자 가운데 의사가 이야기한 것을 똑같이 반복하여 질문하는 경우가 있다. 이 경우 의사는 왜 환자가 그러한 질문을 하는지 생각해 보아야 한다. 잘못 들은 것인지, 불안감을 표현하는 것인지, 나쁘지 않다거나 위험하지 않다거나 희망이 있다는 말을 듣고 싶어서인지 그 숨은 뜻을 헤아려 보아야 한다. 또는 내용이 의사에게는 아무 어려움이 없는 것일지 모르지만 환자의 입장에서는 납득하기 어려운 것인지에 대해서 생각하여 보아야 한다.

대화 방식에 따라 의사와 환자의 만족도는 달라진다. 특히 의사가 환자에게 친밀하게 이야기하게 되면 만족도는 높아지는데 반해 의사가 일방적인 확언과 명령 또는 아주 간단한 질문 나열 등 일방적으로 말을 하면 환자의 만족도는 떨어지게 된다. 그러한 예는 "어제 준 약을 먹었습니까?"와 같이 "예.", "아니요."로만 대답하도록 유도하는 질문이나, "더 이상 말하지 말고 가만히 계세요."와 같이 환자의 대화를 차단해 버리는 것은 좋지 않을 수 있다. 이 경우에도 사용하는 표현이 좀 더 부드럽다면 더 나은 대화를 이끌 수 있을 것이다.

그렇다고 하여 의사의 통제적인 대화 방식이 언제나 부적절한 것은 아니다. 결정력이 부족한 환자에게는 의사가 조목조

목 질문을 하여 그 답을 하도록 유도하여 필요한 내용을 알 수 있는 장점이 있다. 또한 환자가 개방적인 대화를 하도록 하는 것은 환자에게 더 많은 정보를 들을 수 있는 장점이 있는 반면 대화 내용이 길어지거나 대화 주제에서 벗어나는 현상이 나타날 수 있는 단점이 있기도 하다. 유능한 의사라면 대화 상황에 따라 두 가지 질문법 가운데 효과적인 것을 선택하여 사용할 줄 알 것이다.

때로는 경청이 말하기보다 낫다

경청이란 상대의 말을 성심성의껏 잘 들어 받아들이는 것이다. 그런데 이러한 경청은 생각보다 쉽지 않다. 많은 사람들은 자신의 생각을 말하는 것이 다른 사람의 말을 듣는 것보다 더 쉽다고 느낀다. 말을 할 때는 자신이 하는 말에 주의를 기울이며 진행하지만 듣기를 하는 과정에서는 시종일관 주의를 기울이기가 어렵기 때문이다. 들리는 것과 듣는 것은 다른 것이다. 좋은 화자는 상대의 말에 주의를 기울이는 좋은 듣기 태도를 가진 사람이다.

기본적으로 환자는 의사의 말에 온전히 집중하려는 태도를 가지고 있다. 그런데 의사는 듣기보다는 말하기에 집중하는 경향이 있다. 의사와 환자는 서로 상대가 자신의 말을 잘 듣고 있다는 것을 느끼는 것이 중요하다. 그것은 서로에 대한 관심 표명이며 공동의 문제를 함께 해결하기 위해 노력하고 있다는 증표이기도 하다.

집중하는 경청은 소리로 전해지는 내용에 대한 표면적 의미뿐만 아니라 그 이면에 담겨 있는 내용까지 듣는 것을 말한다. 올바른 경청을 위해서는 서로에게 관심을 가지고 적극적으로 들으려고 하는 자세를 갖추어야 한다. 그런데 집중하는 경청은 쉬운 일이 아니기 때문에 평소에 상대의 이야기를 적극적으로 들으려는 노력을 많이 하여 습관화하여야 한다.

환자는 의사의 말에 귀를 기울일 수밖에 없는 처지에 놓여 있기 때문에 하고 싶은 말을 자제하고 의사의 말을 들으려고 한다. 의사는 이러한 점을 알고 환자의 말을 적극적으로 경청하려고 힘써야 한다. 의사는 환자에게 이야기를 잘 듣고 있다는 자세를 보여야 하는데 그것은 이야기 중간 중간에 '아, 네'와 같은 맞장구를 치거나, 간단한 질문과 진술을 통해 나타내거나, 시선 또는 자세와 움직임을 통해 나타낼 수도 있다.

듣기는 간혹 침묵과 혼동되어 오해를 일으키는 경우가 있다. 조용히 듣고 있는 사람은 경청을 하고 있는 것인데 말을 하고 있는 상대는 자신에게 무관심하거나 자신이 하는 말을 의미 없다고 생각하는 것이 아닌가 하는 인상을 가질 수 있다. 따라서 앞서 말한 바와 같이 적절한 '맞장구치기'로 상대의 발화를 의미 있게 듣고 있다는 표현을 하여야 한다.

주의를 집중하여 듣는 것은 관심을 표현하는 것이며 이에 따라 대화에 담긴 내용을 이해하고 수용한다는 것을 뜻한다. 따라서 경청이야말로 의사와 환자의 대화를 원활하게 이끌 수 있는 매우 중요한 요소 중의 하나이다. 의사가 환자에게 집중하는 경청은 환자의 긴장을 풀리게 하고 인간적으로 좀 더 가깝게 다가가도록 하며, 환자의 문제를 함께 고민하고 해결할 수 있으리라는 믿음을 가지게 한다. 환자가 의사에게 집중하는 경청 역시 의사가 좀 더 편안하게 환자를 대할 수 있도록 해 주며, 의사가 신뢰를 받고 있다는 느낌을 들게 하여 매우 긍정적인 결과를 가져온다.

그런데 의사가 환자의 말을 잘 듣지 않게 되면 환자는 자신이 진지하게 받아들여지지 않는다고 느껴서 더 이상 자신의 생각과 문제를 말하려 하지 않거나, 더 이상 대화를 진행하지 않으려 하며, 심지어 마음의 문을 닫아 버리게 될 수도 있다. 마찬가지로 의사의 말을 경청하지 않고 자신의 이야기만 나열

하는 환자에 대해 의사 역시 호의적인 태도로 일관하기는 어려울 것이다. 적극적으로 상대의 말을 듣지 않으면 서로에게 안 좋은 영향을 주게 되고, 원활한 의료 대화와 의료 행위를 저해하게 된다. 말 끊기나 가로채기 역시 대화를 방해하는 요소로서 감정을 상하게 하여 결국 온전한 대화를 진행하지 못하게 한다.

의사와 환자는 상대가 말할 적에 적극적으로 경청을 하여야 한다.

환자의 말을 이해하고 있다고 표현하기

대화 상대의 말에 집중하여 잘 받아들이고 이해하며 수용하면서 경청하고 있다는 것을 화자가 인지하도록 청자는 적절한 반응을 보여야 한다. 이와 같은 청자의 반응은 경청과 상보적인 관계에 있다. 의사가 환자의 말을 아무리 잘 듣고 있다고 하여도 그것이 표현되지 않으면 환자는 대화의 문을 닫아 버릴 수 있다. 의사와 환자의 원활한 의사소통을 위하여 경청만큼이나 중요한 것이 바로 경청하고 있다는 것을 표현하거나 반응을 보이는 것이다. 즉 의사는 자신이 듣고 이해하거나 수용하고 있다는 것을 환자에게 다시 보여 주도록 한다. 이것은 정서적으로 따뜻하고 열린 마음을 가지고 있으며 환자의 말에 공감하고 있을 때 가능하게 된다.

그 반응은 언어적인 요소를 사용할 수도 있고, 비언어적인 요소인 몸짓이나 표정을 사용한 반응일 수도 있다. 환자의 말에 대해 의사가 "말씀을 들어보니 사소한 것이라고 생각하시는 것도 부인께서는 그냥 넘기지 못하고 여러 번 반복해서 말씀하신다는 것이지요?"와 같이 표현하는 것이다. 이때 주의하여야 할 것은 환자의 말에 대해 이해한다는 내용으로 표현해야지 환자의 말에 대해 동의한다는 단언적인 표현을 하는 것은 바람직하지 않다. 즉 "말씀을 들어보니 부인께서 너무 잔소리가 심하군요."와 같이 표현하게 되면 오해가 생길 수도 있기 때문이다.

환자의 말을 그대로 반복하여 언어적 표현을 하는 방법이 있다. 이것은 가장 무난한 방법인데 빈번하게 사용하면 환자는 의사가 판단력이나 결단력이 부족하다고 느낄 수도 있다. 또 다른 방법은 잘 듣고 이해한 것을 비슷한 표현으로 바꿔 말하는 것이다. 또한 환자의 입장에서 환자가 느끼는 것을 함께 느끼고 있다는 표현을 하여 주는 것도 좋다. "속이 아프고 쓰려서 밤에 잠을 잘 수가 없어요."라는 환자의 말을 "고통이 크시겠군요."와 같이 표현하는 것이다.

우리는 상대의 말을 다 이해하는 것은 아니다. 환자의 이야기 가운데 잘 이해하지 못한 부분이 있다면 분명하게 표현할 필요가 있다. "지금 하신 말씀이 ……라는 뜻이지요?", "그 상황을 이해하기가 조금 어렵습니다. 다시 한 번 말씀해 주시겠습니까?"와 같은 표현을 사용해서 오해가 발생하지 않도록 미연에 방지하고 환자의 말에 귀를 기울이고 있다는 표현을 하도록 한다.

경청에 대한 언어적 표현 외에 몸짓을 사용하여 반응으로 보여 주는 것도 있다. 시선을 맞추면서 고개를 끄덕이거나 무슨 의미인지 알겠다는 태도와 자세를 보여 주는 것이다. 그런데 이때에도 주의하여야 할 것은 환자의 모든 말에 고개를 끄덕이며 온전히 동의하고 있다는 태도를 취하지 않는 것이 좋다.

이처럼 의사가 환자의 말에 대해 이성적, 심리적으로 이해하고 있다는 것을 자신의 언어로 표현하려고 노력한다는 점을 환자에게 보여 주면 환자는 온전한 동의가 아니더라도 의사가 자신의 말에 귀를 기울이고 있고 자신의 의도가 이해되었다는 느낌을 가지게 된다. 이러한 대화를 통해 환자는 자신의 문제점에 대해 되돌아보고 스스로 정리하게 되어 이후 진행되는 진료 과정에도 긍정적인 영향을 주게 된다. 즉 환자는 자기 자신을 되돌아보고 스스로 평가하며 어떤 소망과 자세를 가져야 하는지 깨닫게 되거나 인지하려고 노력하게 된다.

말하는 이의 말을 이해하고 수용한다는 반응과 표현은 의사와 환자의 대화를 성공적으로 이끄는 지름길이다. 이것은 의사 중심의 대화가 아니라 환자 중심의 대화를 하도록 돕고, 의사의 일방향적인 의사소통이 아니라 환자와 함께 쌍방향적인 의사소통을 하고 있다는 인식을 가능하게 한다. 또한 의사와 환자 간에 친밀감 형성에 도움이 되고, 무엇보다도 환자는 힘든 자신의 상태를 이해해 주는 의사에 대한 믿음을 쌓게 되고 안정적으로 진료 받을 수 있다는 희망을 품을 수 있게 된다.

환자의 감정에 공감하기

우리는 관계를 형성할 때 공감대가 있어야 한다는 말을 자주 한다. 의사와 환자가 공동의 감정을 느낄 수 있다면 좋은 관계를 형성하고 유지하여 환자가 건강을 회복하는 데 큰 도움이 될 것이다.

의사는 다양한 여러 환자를 만나 진료하고 치료한다. 처음 환자를 진료하던 때와 달리 경력이 오래된 의사는 환자가 느끼는 감정이나 고통에 대해 더 잘 알 수 있을지 모른다. 그런데 환자가 느끼는 감정과 고통에 대한 공감의 정도는 해가 갈수록 무뎌지는 것은 아닐까.

의사는 환자와 함께한다는 생각을 하고 있다. 환자가 고통을 느끼면 그만큼 의사도 아플 것이고, 환자가 완쾌되어 기뻐한다면 의사도 그만큼 기쁠 것이다. 의사가 환자의 마음을 이해하고 있다는 표현을 한다면 환자는 더할 나위 없이 고마운 마음을 가지게 된다. 사회적 관계임에 틀림없지만 둘 사이에 개인적 관계가 형성되어 함께 문제를 해결해 나가는 데 필요한 탄탄한 초석을 다지게 된다.

의사가 환자가 느끼는 것을 공감한다는 표현의 예로 "어떤 기분인지 저도 알 수 있습니다.", "지금 심정이 불편하다는 것을 압니다.", "저도 같은 마음입니다." 등을 들 수 있다. 이것들은 이해하고 느낄 수 있다는 직접적인 표현이다. 환자의 상황에 대한 확인 질문의 형식을 빌려 "이런 증세가 더 이상 나타나지 않았으면 좋겠다는 말씀이시죠?", "밤에 잠을 못 주무셔서 힘드시다는 말씀이시죠?" 등과 같이 표현하는 것도 좋다. 환자가 자신의 상태를 모두 거론하지 않아도 의사가 그 마음을 충분히 공감하고 있다는 뜻을 전달한다.

공감을 표현한다는 것이 자칫 환자의 심기를 불편하게 할 수도 있다. 어디까지나 환자의 감정에 대한 공감이지 환자를 안쓰럽게 여긴다는 표현이 짙거나 불쌍하게 바라보는 시각이 묻어나는 말은 하지 않도록 한다. 환자가 원하는 것은 의사의 동정이 아니라 당면한 문제를 잘 극복할 수 있는 희망과 용기의 메시지이다. 그런 메시지를 전해 줄 것이라고 믿고 있는 의사가 안타까운 시선으로 동정하는 말을 하게 되면 환자는 큰 실의에 빠지게 될지도 모른다.

의사가 환자에게 자신이 공감하고 있다는 것을 표현하여 환자가 의사는 자신의 문제에 대해 객관적인 거리를 두고 결과적 해석과 향후 방향을 알려 주는 안내자의 역할만을 수행하고 있는 것이 아니라 자신과 함께하는 동반자와 같은 존재감을 느끼도록 한다. 의사는 환자를 충분히 이해할 수 있어야 하며, 그것을 적절하게 표현할 줄 아는 것이 바람직한 대화 방법이다.

몸짓으로 표현하고 이해하기

우리는 대화를 할 때 음성적으로 들리는 것만으로 메시지를 파악하는 것은 아니다. 신체 언어는 음성 언어와 함께 의미 전달에 중요한 요소이다. 대화를 할 때 취하는 자세는 대화 분위기에 직접적인 영향을 미친다. 이에 따라 의사나 환자는 서로의 몸짓 신호에 대해 생각하고 그에 적절한 반응을 보이면서 대화를 진행해 나가는 것이 바람직한 의사소통을 이룰 수 있는 원천이 된다.

의사와 환자가 앉아서 대화를 할 때 공간적 거리나 앉는 자세에 대한 고려가 필요하다. 공간적 거리는 성량이나 시선 처리 방법, 진찰을 할 경우 빠르고 쉽게 할 수 있는 방법 등을 고려하여 설정하게 된다. 앉는 자세는 보통 그 사람의 마음 자세를 표현한다는 데에 우리는 공감을 한다.

먼저 책상을 사이에 두고 마주 앉는 경우 의사와 환자는 서로 직접적으로 대면하기 때문에 상대에게 전념할 수 있는 기본 조건이 성립하게 된다. 그런데 이 경우 몇 가지 단점이 있다. 그것은 서로가 너무 직접적으로 마주하기 때문에 시선 처리가 자유롭지 못하고 다소 불편한 마음을 가지게 된다는 것이다. 게다가 책상 위에 서류, 엑스레이 필름, 탁상 달력이나 컴퓨터 모니터, 연필꽂이 등 다소 부피가 있는 물건이 놓여 있게 되면 의사와 환자 사이에 일종의 장벽이 놓여 있는 듯한 인상을 주기도 한다.

의사 책상의 왼쪽이나 오른쪽 옆면 쪽에 환자가 앉아 대화를 하게 되면 서로 직접적인 시선을 피할 수 있어 덜 부담스러운 느낌을 가지게 된다. 그리고 의사는 서류나 여러 물품을 책상 위에 올려놓는 데 큰 어려움을 느끼지 않아도 되고, 필기를 하기도 수월하다. 요즘은 진료 자료들을 컴퓨터 모니터를 통해 확인하는 경우가 많은데 환자와 함께 엑스레이 사진이나 CT 촬영 자료들을 보기에도 편리한 구조이다.

의사와 환자의 거리는 일반적으로 90~150cm 정도가 적당하다. 이 거리보다 가까우면 개인적 영역을 침범하게 되어 불안하게 느끼고 빨리 이 상황을 벗어나려고 안절부절못한다. 반대로 150cm를 넘어서게 되면 사회적 영역으로 느껴져 대화 분위기가 서먹해지고 의사와 환자의 심리적 거리도 더욱 멀어지게 된다. 공간적 거리가 더 멀어질수록 의사와 환자의 관계는 소원해지고 의사소통에 장애를 일으키게 된다.

우리의 신체 중에서 눈은 마음의 창이라고 한다. 눈을 통해서 자신의 미묘한 감정을 드러내 보이기도 하고 상대의 마음을 알아챌 수 있다. 시선을 제대로 맞추지 않는 것은 대화에 대한 의지가 없거나 뭔가를 숨기려 하고 불안감이 가득하다는 뜻일 수 있다. 의사가 메모를 하거나 차트, 서류를 보느라 환자와 눈을 마주치지 않으면 환자는 불안감이 더해지고, 그런 상황이 계속되면 모욕감을 느낄 수도 있다. 반대로 줄곧 상대의 눈을 똑바로 응시하는 것은 공격적인 성향을 보이는 것으로 대화 내용에 대한 불신을 포함하기도 한다. 결국 부드럽고 원만한 대화를 지속하기 어려운 상황이 도래할 수 있다. 의사와 환자의 대화를 성공적으로 이끌기 위해서 바람직한 시선 처리는 상대의 눈을 응시하되 너무 강하지 않고 눈보다 약간 아래의 입술이나 목 정도를 보다가 눈을 응시하고 다시 아래

를 보다가 눈을 마주치는 행위를 반복적으로 사용하는 것이
좋다.

손으로 입을 가리는 행위는 자신감이 없다는 표현이 되고,
목소리를 작게 만들어 의사소통에 지장을 준다. 입술을 꽉 무
는 것은 거절이나 불만의 표현이고 입을 실룩이거나 꼬리를 내
리는 것 역시 불만족한 상황, 이해할 수 없다는 표현이 된다.

의사와 환자는 서로의 표정이 상대에게 어떤 영향을 주게
될지 유의해야 하며, 상대의 표정을 통해 마음을 이해하고, 그
에 적절한 대화를 이끌어 갈 수 있는 기술이 필요하다.

이야기를 하면서 손짓을 사용하는 것은 생동감이 있어 보이
는데, 자신의 어깨 위로 높이 늘어 손짓을 크게 하는 것은 서
만하거나 산만한 느낌이 들게 한다. 손바닥이 보이도록 펴는
것은 상대를 믿으며 호감을 가지고 있다는 표현이 된다. 손을
오므리면 불안감이 있다는 것이고, 주먹을 꽉 쥐는 것은 매우
긴장하거나 불안하며 때로는 공격적인 성향을 보이는 것이기
도 하다.

다리와 발도 우리의 심리를 표현한다. 가장 일반적으로 다
리를 떨게 되면 불안하고 집중하지 못하는 의미를 내포한다고
본다. 의자의 다리를 감고 있는 것은 경직되어 있고 완고한

표현이다. 다리를 꼬고 앉는 것은 신중함이나 긴장감을 표현하는 것이기도 하다. 발을 느슨하게 교차하여 감고 있는 것은 일종의 신중함을 표현한다.

앉아 있는 자세를 통해 마음의 태도를 읽을 수 있다. 의자의 끄트머리에 걸치듯 앉는 자세는 불안감이나 시간이 없으니 대화를 간단하게 끝냈으면 하는 의도를 표현하기도 한다. 상체를 세우고 앉는 것은 약간의 긴장감과 함께 대화에 적극적으로 임하겠다는 의도를 보이는 것으로 볼 수 있고, 구부정한 자세로 늘어져 있으면 대화에 대한 적극적 의지가 별로 없거나 기운이 없는 것으로 표현하게 된다. 몸을 흔드는 것은 매우 불안한 심적 상태를 보이는 것이고, 상체를 뒤로 깊숙이 기대고 앉는 것은 대화에 대한 일종의 거부 표현이라고 할 수 있다. 의사를 향해서 앉아 있기보다는 외면하는 듯한 자세로 앉아 있는 것은 두려움과 불안감 또는 빨리 대화를 끝내고 싶어 하는 환자의 마음을 표현한다.

이와 같은 신체 언어를 일반화하여 모두에게 적용하기는 어려운 부분이 있지만 어느 정도는 심리적 태도를 표현한다는 데 많은 사람들이 동의하고 있다. 따라서 눈, 입, 손과 발, 앉아 있는 자세를 통해서 대화에 대한 태도를 엿볼 수 있으므로 몸짓

을 통해 상대자의 심리를 읽고 배려하는 대화를 할 수 있을 것
이다. 반대로 자신의 자세가 상대에게 어떤 영향을 주어 대화
에 미치게 되는 영향이 무엇인지도 되돌아 볼 수 있을 것이다.

의사와 환자는 건강한 삶을 위한 동반자다

의사는 어려움에 처한 환자를 위해 최선을 다하는 사람이다. 혹시나 의사가 자신이 가진 것을 베푸는 아량으로 환자를 대하거나, 환자가 질환의 원인과 처방을 과학적으로 이해하지 못할 것이라는 선입견과 무시하는 태도를 가져서는 안 된다. 그러한 것을 조금이라도 가지고 있다면 병마의 고통으로 힘든 상황에 처한 환자를 더 힘들게 할 수도 있다는 점을 생각해 볼 필요가 있다. 또한 환자는 의사가 질환의 원인을 찾기 위해 노력하고 가장 최선의 처방을 하기 위해 애쓰고 있다고 생각하여야 한다.

의사와 환자는 환자의 질환을 매개로 연결된 관계이다. 두 사람의 만남은 환자의 질환이라는 과제 해결을 위한 목적으로 이루어진다. 환자는 의사에게 고마움을 표현하고 의사 역시 질환을 극복하기 위해 애쓰는 환자에게 따뜻한 말로 고마움을 표현한다면 서로에 대한 우호적 감정과 신뢰감이 쌓여 건강한 삶을 찾는 데 도움이 될 것이다.

의사와 환자는 대화를 통해 서로를 배려하고 긍정적 사고를 하며 신뢰와 우호적인 관계를 유지하면서 건강한 삶을 되찾기 위해 함께 노력하는 동반자이다.